KB037833

조화벽과 유관순

양양 3·1운동의 주역 조화벽을 통해 본
유관순 그 후 이야기

조화벽과 유관순

양양 3·1운동의 주역 조화벽을 통해 본
유관순 그 후 이야기

송혜영 지음

3·1운동 백 주년을 맞아,
폐족이 되다시피 한 유관순 일가를 지켜내고
제 한 몸 태워 주위를 밝힌 애국지사 조화벽과
평생 선봉에서 횃불을 들었던 유관순 오빠 유우석의
파란만장한 삶을 우리 근현대사와 함께 돌아보다

작가의 말

한낮인데도 1층 기도실은 어둑하고 서늘했다.

'조화벽기도실'. 우주의 기운이 가장 충만한 동 트기 전 찾는 새벽기도실 이름이다. 성내리에 신축한 양양교회를 찾은 건 100여 년 전 양양 3·1 운동이 대대적으로 일어났던 4월 초였다.

호수돈여학교(好壽敦女學校) 학생이었던 조화벽(趙和璧)이 개성에서 몰래 가져온 독립선언서를 교회 측에 전해주었던 장소가 바로 새벽기도실이었다. 기도실에 가득한 어떤 상서로운 기운은 기독교인이 아닌데도 가슴에 두 손을 모으게 했다. 그건 아마도 독립을 간절하게 염원하며 만세를 불렀던 수많은 이름 없는 이들의 숨결이 느껴져서일 게다.

2019년은 3·1운동 백 주년이 되는 해다. 대한 독립 만세 소리가 한반도를 뒤흔든 지 일 세기가 지났다. 그때 우리는 더는 남의 나라 식민지로 살 수 없다며 손과 손에 조악한 태극기를 들고 총궐기했다. 반상이 따로 없었다. 남녀가 유별하지도 않았다. 어리거나 늙거나도 문제가 되지 않았다. 나라의 독립을 위해 나선 이들은 모두 한 마음이었다. 한민족 대통합의 역사가 씌어졌다.

지금 게임에 몰두하는 청소년도 화이트칼라 사무원도 산업 현장의 역군도 퇴직자도, 진보든 보수든 좌든 우든 그 시대로 돌아가면 모두 함께 목이 터져라 만세를 불렀을 게다. 모두 하나가 되어 불의와 폭압에 항거한 3·1운동 정신은 그래서 현재에도 유효하다.

3·1운동으로 한국인은 하나이며 나라의 주인은 백성이라는 혁명적 인식을 갖게 되었다. 모두가 만세의 주인공이었다. 누군가는 유관순(柳寬順)처럼 운동을 주동하고 또 다른 누구는 조화벽처럼 만세운동을 촉발시키는 계기를 마련했다. 3·1운동으로 많은 이들이 목숨을 잃기도 했다. 3·1운동 후 항일운동은 끊임없이 이어졌다. 총을 들고 직접 나설 수 없는 사람은 제 자리에서 독립을 위해 할 수 있는 최선의 일을 찾았다.

의사는 나라와 민족을 위해 무력으로 대항했고 열사는 목숨을 바쳐 맨몸으로 저항했다. 의사 열사도 중요하지만 평생을 바쳐 나라를 되찾기 위해 헌신한 수많은 지사가 있었기에 오늘의 우리가 있다.

천년 고찰 낙산사가 있는 고장. 여름이면 서핑을 즐기는 젊은 이들이 몰려오는 곳. 양양이 3·1만세운동 당시 강원도에서 가장 오랜 기간, 격렬하게 만세운동이 일어났던 곳이라는 건 관광객은 물론 그 고장 사람들도 잘 알지 못한다. 근대를 거쳐 일제 강점기에 양양은 한민족의 얼이 생생하게 살아 숨 쉬는 영동 지방의 중심 지역이었다. 그 어느 고장보다 민족의식이 높았으며 독립 정신이 투철했던 양양은 그렇게 염원했던 광복과 함께 남북으로 나뉘었다. 휴전 후 온전히 대한민국의 땅이 되었지만 분단의 상처는 어느 지역보다 깊고 컸다. 집안에 자의든 타의든 월북자 한두 명씩 없는 집이 없고 연좌제로 공직에 나갈 수 없었던 만큼 세간에서 말하는 '큰 인물'이 없었던 고장이기도 하다.

대저 큰 인물이란 무엇인가. 일신의 영달을 위해 출세하고 이름을 드높인 인물은 아닐 것이다. 자기 고장과 나라의 얼을 지키고 살리는 데 보이지 않는 곳에서 혼신의 힘을 다한 그런 인물이 아닐까. 자신이 빛나기보다 심지로 제 한 몸 태워 주위를 밝혀주는 인물이 진정 큰 인물일 게다.

그런 관점에서 보면 조화벽은 역사적으로 누구 못지않은 선구적 여성이었으며 큰 사람이었다. 개성 만세운동을 주도하고 3·1운동 불씨를 가져와 양양 만세운동을 활활 일으키는 데 기여했다. 3·1운동으로 고아가 된 유관순의 어린 동생들을 거두고 폐족이 되다시피 한 유관순 일가를 지켜냈다. 3·1운동의 자주독립 정신 계승을 위해 향촌 교육에 헌신했으며 일생 동안 나눔의 삶을 실천한 인물이다. 남편인 유관순 오빠 유우석(柳愚錫)도 평생을 독립운동의 한 방편으로 선택한 아나키스트의 길을 걸으며 끊임없이 절대 권력에 항거했다.

영동 지방 독립운동사를 연구하던 조동걸 교수가 찾아오기 전까지 조화벽은 한 번도 자신이 양양 만세운동의 한 축이었다는 말을 입 밖에 내지 않았다. 그저 유관순 올케로, 또 다른 독립운동가였던 유우석 내조자로, 유씨 집안 며느리 노릇에 충실했다. 마땅한 기록자와 열성적 선전가를 만나지 못해 묻힌 많은 여성 독립운동가들처럼 겸손하게 의당했어야 할 일을 했을 뿐이라고 자신의 공을 드러내지 않았다.

이 책으로 조화벽이, 박제된 지방 독립운동사의 한 인물이 아니라 양양과 강원도를 넘어 대한의 자랑스러운 어머니로 자리매김하는 계기가 되었으면 한다. 아울러 평생 권력을 가진 쪽보다 고통받는 민중의 편에 서고자 했던 투사 유우석의 삶도 되새겨봄직하다.

대한민국과 양양 근현대사를 씨줄로 하고 조화벽을 중심으로 유관순 일가 역사를 날줄로 엮었다. 양양 만세운동 자료에 더해 유관순 일가 며느리 김정애 여사의 증언, 양양 정명학원 학생이었던 유관순 육촌 동생 최순영의 기억이 책의 무늬가 되었다.

"역사를 잃어버린 민족에게 희망은 없다"는 메시지를 전하고자 하는 한서교육문화재단 추상호 선생의 순수한 열정과 후원, 그리고 전 여성동지회 회장이자 조화벽, 유우석 지사 며느리 김정애 여사의 따뜻한 관심과 배려가 없었다면 여기저기 흩어져 있던 구슬을 한 줄에 꿸 수 없었을 게다. 그리고 꿴 구슬이 온전한 목걸이가 되도록 정성을 다해준 편집장 박제영 시인에 대한 감사의 말을 빼놓을 수 없다.

2019년 2월

송혜영

조화벽 지사의 유영

백노 유우석 선생 유영

氏　名	年齡	年　月　日生	指紋番號
柳寬順	身長	尺　寸　分	No
	特徵		

유관순의 서대문형무소
수형자 기록표

조화벽 지사 가족
(앞줄: 손자 덕상과 조화벽 지사, 뒷줄: 왼쪽부터 조카 유제한, 아들 유제충, 며느리 김정애)

양양 정명학원 제2회 졸업기념(소화 14. 3. 25.)

목차

1. 그날, 개성에서는

나는 온몸에 풋내를 띠고,

푸른 웃음, 푸른 설움이 어우러진 사이로,

다리를 절며 하루를 걷는다. 아마도 봄 신령이 지폈나 보다.

그러나 지금은- 들을 빼앗겨 봄조차 빼앗기겠네.

— 이상화(1901~1943), 「빼앗긴 들에도 봄은 오는가」 중에서

소등 시간이 지났다.

불이 꺼진 기숙사는 짙은 어둠 속에 잠겼다. 비밀 집회 장소인 기도실 본관은 기숙사 4층이다. 더듬더듬 한 계단 오를 때마다 마룻장이 낮은 비명을 질렀다. 학교 측에 모임이 발각되면 거사는 실패로 돌아간다. 숨을 죽이며 발걸음을 뗄수록 마루는 몸을 비틀며 더 크게 소리를 질렀다. 겨우 4층에 도달하자 심장이 세차게 뛰었다. 기도실 복도도 불빛 하나 없이 컴컴했다. 3월이지만 입김이 나올 정도로 차가운 날씨인데 이마에 송골송골 땀이 맺혔다. 저고리 고름으로 땀을 찍으며 조화벽은 조심스레 기도실 문을 밀었다.

창으로 들어오는 희미한 달빛에 동지들 모습이 어렴풋이 보였다. 어두워 표정은 읽을 수 없었다. 굳이 낯빛을 살피고 눈을 맞추지 않아도 되었다. 이미 일생을 조국 광복에 바치겠다고 맹세한 비밀 결사대 동지들이기 때문이다. 그들은 만세운동 마지막 점검을 위해 모였다. 조화벽을 비롯한 호수돈여학교 비밀 결사대 학생 외에 충교예배당 교사 권애라(權愛羅)도 참석했다.

강화 출신 권애라는 이화학당을 거쳐 이화여전을 졸업하고 예배당에서 아이들을 가르치고 있었다. 조화벽보다 일찍 신교육을 받은 권애라는 성격이 활달하고 달변이었으며 매사에 앞장서는 편이었다. 동급생보다 두세 살 나이가 많았던 조화벽은 언니로서 뒤에서 묵묵히 무리에 힘을 실어주는 쪽이었다.

개성 만세운동을 주도하는 입장이었던 권애라가 미리흠여학교(美理欽女學校)와 호수돈소학교도 만세운동에 동참하기로 했다는 소식을 전했다. 작은 탄성이 터졌다. 어둠 속에서 누군가가 조화벽의 손을 꽉 잡았다. 조화벽도 그 소녀의 손을 맞잡았다. 학생회장인 이경채가 이미 확보된 독립선언서와 태극기를 17명 결사대 동지들에게 나누어주었다.

독립선언서는 어윤희(魚允姬)를 통해 들어왔고 태극기는 조화벽의 주도로 만들어졌다. 1882년부터 30여 년간 국기의 역할을 하다 일제 강점과 동시에 사라진 태극기였다. 독립선언서 속에 마치 견본처럼 들어 있던 한 장의 태극기. 저항 정신과 국권 회복의 상징으로 다시 등장한 태극기는 조화벽에게 생소하고 복잡했다. 붉은 물감으로 중앙에 원 하나만 그리면 되는 단순한 일장기는 하나의 목표를 향해 일사불란하게 나가는 일제와 닮았다. 그에 비해 건곤감리의 심오한 의미를 담고 있는 태극기는 따라 그리기도 쉽지 않았다.

운신이 자유롭지 못할 뿐 아니라 물품 조달이 어려운 여학생에게 태극기를 만드는 건 여간 어려운 일이 아니었다. 결국 선택할 수 있는 유일한 방법은 기숙사 자체 조달이었다. 조화벽은 기숙사 창문 광목 커튼을 유심히 보았다. 태극기 60여 개 정도는 마름

질할 수 있을 것 같았다. 동지들 도움을 받아 3학년 기숙사 방 커튼을 뜯었다. 기숙사에서 책임을 물을 건 각오했다. 네 귀를 맞춰 잘라 정사각의 태극기 바탕을 만들었다. 사발을 엎어 놓고 태극을 만들고 먹으로 익숙지 않은 4괘를 그려나갔다. 어설프게나마 형태를 갖춘 태극기가 완성되었다. 조화벽 주도로 탄생한 태극기를 쥔 결사대원 손아귀에 저절로 힘이 들어갔다.

다들 결의를 다지는데 권애라가 비장한 어조로 말했다.

"어윤희 전도부인이 선언서를 돌리다 오늘 잡혀갔어요."

탄식이 기도실 바닥에 깔렸다. 불안과 우려의 기운이 스멀스멀 피어올랐다.

조화벽은 어윤희를 처음 만났을 때가 떠올랐다. 상급반 학생들이 모인 자리였다. 첫인상이 강렬했다. 조화벽 어깨에 겨우 미치는 작은 키였다. 눈이 얼굴 반을 차지하고 있는 것 같았다. 까무잡잡한 얼굴에 두상이 동그란 그녀는 풍파에 깎이고 깎여 반질반질해진 검은 차돌을 연상시켰다. 작고 단단한 몸에서 강한 에너지가 뿜어져 나왔다. 서울에서 벌어질 만세운동 동참을 역설하던 어윤희의 확신에 찬 음성이 귀에 쟁쟁했다.

3·1운동 배경은 10년간 억눌린 식민 지배에 대한 불만과 쌀값 폭등으로 인해 도탄에 빠진 민생 문제, 총독부의 잔혹한 무단 통

치에 대한 반발 등 많은 원인이 있지만 가장 큰 영향을 끼친 건 민족자결주의였다. 1차 세계대전이 끝나고 전후 처리를 놓고 1919년 1월 파리에서 강화회의(講和會議)가 개최되었다. 파리강화회의는 열강 간의 질서를 재조정하고 세계 질서를 재편하려고 소집한 회의였다. 일본도 포함된 승전국이 승리의 파이를 나누는 과정에서 민족자결주의 열풍이 불었다. 각 민족은 정치적 운명을 스스로 결정할 권리가 있으며 다른 민족의 간섭을 받을 수 없다는 주장이 민족자결주의 골자였다.

윌슨이 주장한 민족자결주의는 실제로 전 세계 약소민족에 모두 적용되는 원칙이 아니었다. 1차 세계대전 승전국 세력이 광대한 영토를 가진 오스트리아-헝가리 제국과 오스만 제국을 민족에 따라 여러 국가로 분리함으로써 잠재적 적대 세력을 무력화하기 위해 동원한 개념이었다. 하지만 일본 식민 통치를 받고 있는 조선과 일본의 반식민 상태에 놓여 있던 중국의 지식인 청년들에게 민족자결 선언은 희망의 메시지였다. 특히 국내외 신문을 통해 알게 된 레닌과 윌슨의 민족자결 선언에 열광한 조선의 지식인 그리고 기독교와 천도교 등 종교 세력은 독립만세운동을 계획했다.

동경 유학생들의 2·8독립선언서에 이어 독립운동을 위한 분위기가 비밀리에 성숙되고 있던 무렵 광무황제 고종이 승하했다. 재위 기간 46년. 스무 살 넘어서까지 양어머니 조대비와 아버지 대원군에 가려 자신의 뜻을 펼칠 수 없었던 군주였다. 어렵사리 친정을 시작한 뒤에도 권력에 미련을 못 버린 아버지에게 늘 왕좌를 위협받아야 했다. 게다가 조선의 역대 어떤 왕도 겪어보지 못한 거센 파도가 계속 밀려왔다. 미처 상황 파악을 하기도 전에 밀려든 새로운 물결 속에서 근대화와 국권 수호라는 막중한 임무를 수행해야 했다.

고종은 자신의 권력 기반이 없었다. 세도 정치를 주도한 강력한 가문의 도움도 받지 못했다. 그나마 힘이 되는 건 왕비와 그 일족이었다. 하지만 여자에게 휘둘리는 무능한 왕이라는 모욕을 감수해야 했다. 제국주의 각축장이 되었던 한반도에서 힘없는 군주를 진심으로 도와주는 세력은 어느 한 나라에도 없었다. 외교에는 자비란 없는 법. 어느 나라가 자국의 이익을 제쳐놓고 조선을 어여삐 여겨 배려하겠는가.

나라의 운명을 결정하는 중대한 선택을 해야 하는 순간은 셀 수 없이 많았다. 위급했던 선택의 순간마다 그는 결단을 내리고 결정을 해야만 했다. 물론 그 선택이 항상 현명한 선택이었던 것은 아니었다. 1897년 대한제국을 선포, 세계에 독립국가로 인정받으려 원구단에서 황제 즉위식을 거행하고, 대한제국 스스로의 힘으로 문명화를 시도하기도 했다. 하지만 너무 늦은 출발이었고 근대화보다 왕권 강화에 더 무게를 두는 실책도 저질렀다.

나라 안팎으로 온갖 위협에 시달리고 음모, 오해에 부대끼면서도 고종은 늘 온화했다. 지위 고하를 막론하고 누구에게나 다정했고 소탈했다. 대궐이 평화롭고 행복했던 시절, 즉 황제가 아직 유희를 즐길 여유가 있었던 시절, 고종은 대궐에서 신하들과 연날리기를 즐겨했다. 궁 밖 백성도 거기에 호응해 왕과 백성은 종일 연을 날리며 놀았다고 한다.

그런 따뜻한 군주였던 고종은 아내이자 동지였던 황후를 잃고 결국 나라도 빼앗긴 역사상 최악의 무능한 군주라는 오명을 쓰고 궁중에 유폐되었다. 망국에 이르게 한 구한말의 여러 폐단은 고종만의 잘못은 아니었다. 그를 둘러싼 국내외 세력 탓도 크다. 그는 그 어지러운 정세 속에서도 나라와 백성을 구하기 위한 노력을 게을리 하지 않았다. 혼자의 힘으로 대세를 뒤집기는 무리였지만, 경술국치 이후에도 고종은 나라를 다시 찾을 여러 방책을 모색했다.

마침 윌슨의 민족자결주의가 제국주의 체제를 뒤흔들고 있었다. 그 무렵 이시영, 이회영 형제가 고종 망명 계획을 세우고 있었다. 대한제국 황제가 망명 정부를 세우고 파리강화회의에 참석해 한일 병탄 무효 선언을 한다면 일제에게는 큰 타격이 아닐 수 없었다. 이건 고종 폐위 원인이 된 헤이그 밀사 사건보다 심각한 사태를 야기할 수 있었다.

고종이 확보한 비자금이 외국에 밀사를 파견하는 등 국내외 독립운동 자금으로 쓰이고 있다는 첩보도 있었다. 일본으로서는 고종을 제거해야 할 충분한 이유가 있었다. "조선은 일본의 지배에 만족하고 있으며 독립의 뜻이 없다"는 내용의 파리강화회의에 보낼 밀서를 강요받은 고종이 끝끝내 이를 거부하고 자살했다는 설도 있었다.

어떤 식으로 해석하든 고종의 죽음은 온 국민을 비통에 빠지게 했다. 명성황후의 죽음이 조선 왕조 멸망을 알리는 조종이었다면, 고종은 죽음으로써 스스로 조선 독립운동을 예고하는 예광탄이 되었다.

개성 3·1만세운동은 서울과 동시에 계획되었다. 민족 대표 33인에 속하는 정춘수(鄭春洙)가 개성에 내려와 상황을 살폈다. 2월 말에는 서울서 민족 대표 박희도(朴熙道)의 밀명을 받은 안병숙이 개성 지방 만세운동 의지가 성숙되도록 도왔다. 오화영(吳華英) 목사가 개성 북부교회 목사 강조원(姜助遠)에게 독립선언서 1,000부를 보냈다. 개성의 만세운동을 주도하던 강조원은 전도사 신공량(申公良)에게 선언서 배포를 맡겼다. 강력한 무단 통치를 실시하던 일제에 항거하는 운동을 이끌려면 죽음도 불사하고자 하는 강한 신념과 용기가 필요했다. 민족의식보다 신앙심이 더 깊었던 신공량이 망설였다.

그때 전도부인으로 복무하던 어윤희가 분연히 일어났다. 총독부 감시망을 벗어나 활동하기에 남자보다 자신이 적격이라며 만세에 동참할 세력을 규합하고 독립선언서를 배포하겠다고 나섰다. 강조원 목사에게 독립선언서를 건네받은 어윤희는 일경의 감시가 아녀자에게는 비교적 소홀하다는 점을 이용했다. 보따리장사를 가장해 담대하게 대낮에 집집마다 독립선언서를 돌렸다. 그 소식을 들은 호수돈여학교 사감 신관빈이 어윤희를 도왔다. 여자 전도사 심명철은 장님인 점을 활용해 감시를 벗어났다.

당시에는 나라 전역에 만연한 결막 질환인 트라코마 영향으로 장님이 많았다. 혼사도 막히고 천대받는 장님이 선택할 수 있는 직업은 많지 않았다. 그런 이유로 무당이 된 장님들이 많았다. 무당이 되면 굶어죽지는 않았기 때문이었다. 개신교는 천대받던 여성들을 교회에 받아들였다. 심명철(沈明哲)은 무당 대신 남감리교에 입교해 심지가 굳은 전도사가 되었다. 훗날 권애라와 어윤희, 신관빈(申觀彬), 심명철은 개성 만세운동 주모자로 서대문형무소에 수감된다. 여옥사 8호 감방에서 그들은 수원 기생 만세운동 주모자인 김향화(金香花)와 공주감옥소에서 이감된 여학생 유관순을 만나게 된다.

개성은 3·1운동사에 여성이 주체가 되었던 독특한 사례라고 할 수 있다. 개성 만세운동의 시위 주도 여성은 대부분 개신교가 설립한 학교 학생이거나 개신교도들이었다. 기독교는 수동적이고 자기 비하에 익숙했던 여성들에게 여성으로서의 자아를 발견하는 계기를 마련해 주었다. 여성 근대 교육기관은 바닥이었던 여성의 자존감을 높여주었다. 이는 여성도 주체 의식을 자각하고 민족 독립과 국권 회복의 과제를 인식하는 데 중요한 역할을 하게 만들었다. 더불어 항일 의식 고취에도 직접적 영향을 주었다.

개신교는 기독교 여성 지도자를 양성하기 위해 1886년 이화학당을 시작으로 여성 교육기관을 설립했다. 남감리교는 주 선교 지역인 함경북도 함흥과 함경남도 원산, 경기도 개성 일대와 충청남도 일대에 학교를 지었다. 조화벽 고향인 양양도 남감리교 선교 지역인 동해안이었기 때문에 원산 루씨여학교(樓氏女學校)를 거쳐 개성 호수돈여학교로의 접근이 쉬웠다.

전국적으로 1911년부터 1920년까지 67개교의 사립 여학교가 설립되었다. 이는 공립 여학교 설립 수에 비해 거의 세 배 차이가 났다. 이 수치는 그만큼 자신의 소명이 무엇인지, 민족을 위해 무슨 일을 해야 하는지를 심각하게 고민하고 행동할 줄 아는 여성 엘리트가 늘어났다는 의미다. 개신교가 세운 근대 교육기관에서 배출된 여성 지식인은 종교, 계몽, 교육 일선에서 두각을 나타냈다. 3·1운동 전후 등장한 여성 지식인은 여성 독립운동 주역으로 활동하게 된다. 개성 지역 3·1운동을 전개한 여성은 시대를 선도하는 선구적 여성이었다.

어윤희는 독립선언서 60여 장을 호수돈여학교에 보관하도록 했다. 조화벽을 비롯한 조숙경(趙淑景), 김정숙(金貞淑), 이경지, 이경채 등 자발적 비밀 결사 조직인 상급반 여학생들과 구체적인 거사 계획을 의논했다. 조화벽은 곧 졸업을 앞두고 있었다. 나라를 되찾는 일에는 목숨이라도 바치고 싶었던 조화벽은 졸업을 하지 못해도 좋다고 생각했다. 그 어떤 계산도 일체의 망설임도 없이 비밀 결사대에 참여한 건 조화벽에게는 지극히 당연한 일이었다.

조화벽은 논리가 정연하고 자신감이 넘치는 어윤희에게 신뢰감을 느꼈다. 40대 초반 어윤희는 미리흠여학교 출신이었다. 미리흠여학교는 호수돈여학교와 마찬가지로 남감리교에서 개성에 세운 여학교였다. 결혼 전 처녀들을 교육한 호수돈여학교와 달리 과부나 기생처럼 주류에서 소외된 여성들이 다니던 학교였다.

어윤희의 고향은 충주다. 충주는 동학 농민전쟁 당시 치열한 격전지였다. 어윤희는 결혼한 지 3일 만에 동학군이었던 남편이 일본군과 싸우다 죽었다. 16세에 청상과부가 됐다. 가슴이 찢어질 정도로 그 죽음이 원통했다. 남편이 죽창을 들고 나설 때 말리지 못한 자신을 원망하며 통곡을 했다. 오래 울지는 않았다. 영특했던 어윤희는 잘못된 세상을 바꾸려 했던 젊은 남편의 열정을 이해했다.

시아버지가 세상을 떠나자 남편을 묻은 땅을 떠나 개성으로 갔다. 남감리교회인 개성 북부교회 목사 설교에 큰 감명을 받았다.

하나님 앞에서 누구나 평등하다는 말은 남편이 믿던 '하늘이 곧 사람'이라는 생각과 같았다. 하나님을 섬기는 건 남편 뜻을 따르는 길일지 모른다고 생각했다. 그 길이 가시밭이라도 끝까지 가리라 맹세했다. 그건 남편과 함께하는 일이기도 했다.

열성적 교인이 된 어윤희는 미리흠여학교를 거쳐 전도부인이 됐다. 외딴섬을 돌며 전도 활동을 하다가 3·1운동 무렵에는 개성 충교교회 전도부인으로 있었다. 어윤희는 남편을 죽인 일본에 대한 적개심이 누구보다 높았다. 그녀에게 3·1만세운동은 우리를 핍박하는 일본이라는 악을 물리치는 하나님의 역사이며 남편 원수를 갚는 일이기도 했다.

어윤희는 만세운동 전날 개성 지역 주요 인사들에게 선언서를 전달하는 과정에서 일경에 붙잡혔다. 어윤희가 체포되었다는 소식에 다들 불안했지만 거사를 포기할 수는 없었다. 80여 명 기숙여학생들은 학교 눈을 피해 연명 선서를 했고, 기도실 다락방에 독립선언서도 감춰두었다. 태극기를 흔들며 목이 터지게 대한 독립 만세를 부르는 일만 남았다. 다들 각오를 새롭게 다지며 어두운 복도를 지나 각자 방으로 돌아갔다. 조화벽은 자리에 누워 커튼이 사라진 창문을 통해 어둔 하늘에 빛나는 별을 바라보며 마음을 다졌다.

1919년 3월 1일 아침. 식당에 모인 호수돈여학교 학생들은 찬송과 기도를 했다. 찬송은 그 어느 날보다 비장하고 기도는 간절했다. 가슴에 두 손을 모으고 눈물을 흘리는 여학생도 있었다. 한창 감수성이 풍부한 학생들은 자신의 행동이 식민지라는 족쇄를 풀 수 있을지도 모른다는 희망과 기대로 가슴이 벅차올랐다. 그렇게만 된다면 이 목숨을 바쳐도 좋다고 생각했다.

기도회가 끝나자 학생회장인 이경채가 일어나 독립선언서를 읽어 내려갔다. 그때 교장 미스 와그너가 뛰어들어와 황급히 선언서 낭독을 제지했다. 이경채는 교장실에 연금되었고, 만세운동 지도부는 일시에 와해됐다. 그렇다고 계획된 거사를 포기할 수는 없었다. 동참하기로 한 미리흠여학교와 호수돈소학교도 뜻을 굽히지 않았다.

3월 2일 밤, 조화벽을 비롯한 17명의 졸업반 여학생은 "우리는 결사의 동지이니 만일 배신하는 사람이 있으면 살아남은 동지가 그 자를 때려죽인다"는 청년다운 과격한 연명서를 작성하고 지장을 찍었다. 퇴학원서는 이미 몰래 제출한 상태였다. 만세운동으로 학교 측에 피해가 없도록 한 배려였다.

3월 3일. 만세 시위가 일어날 기미를 파악한 일경들은 엄중한 경계를 펼쳤다. 호수돈여학교 정문 앞에는 기마대가 대기하고 있었다. 정문으로 나갈 수 없었기 때문에 즉시 7, 8명으로 행동대를 짰다. 검푸른 머리를 꽁꽁 땋아 내린 행동대 여학생들은 검정 통치마를 말아 쥐었다. 서로 잡아주고 끌어주며 뒷담을 넘었다. 일경의 눈을 피한 학생들은 각각 약속한 장소로 향했다. 거리로 쏟아져 나온 호수돈 여학생들은 찬송가를 부르며 대한 독립 만세를 외쳤다.

여학생의 느닷없는 만세 소리에 얼떨떨해 하던 사람들이 주변으로 모여들었다. 여학생들은 파리강화회의와 민족자결주의에 대해 일장 연설을 하고 일제히 독립 만세를 외쳤다. 거리의 행인은 물론 상인과 부녀자와 아이에게도 만세를 유도했다. 상황을 파악한 사람들이 서서히 호응하기 시작했다.

개성의 3·1운동은 이렇게 호수돈여학교 여학생의 만세 시위로 시작됐다. 만세 시위가 전개되자 개성 시가의 모든 상점은 자진 철시로 뜻을 함께했다. 조화벽과 일단의 여학생은 개성 헌병대 앞으로 달려가 태극기를 흔들며 애국가를 불렀다.

1883년 공식적으로 국기의 지위를 획득한 태극기는 각종 행사에 등장하면서 조선, 대한제국의 표상으로 자리 잡았다. 하지만 1910년 나라가 망하면서 국기로서의 지위를 상실하고 말았다. 눈물과 함께 차곡차곡 접혀 서랍 속 깊숙이 들어간 태극기가 1919년 3·1운동을 통해 애국 애족의 상징으로 다시 등장했다.

「애국가」는 태극기와 사정이 달랐다. 나라의 운명이 기울어갈 무렵, 애국창가 운동 일환으로 민간에서 널리 불리던 영국의 가곡인 「올드 랭 사인」의 멜로디에 가사를 입혀 사용했다. 만세 시위에서는 「애국가」 제창을 위해 미리 학생들에게 「애국가」를 가르쳐 합창단으로 동원하기도 했다. 「애국가」는 3·1운동 과정을 거치면서 전국적으로 확산되었고, 대한민국 임시 정부는 국민의례에서 「애국가」를 국가로 불렀다.

누군가 「애국가」를 선창했다. 누구는 우물거리고 또 누군가는 따라 불렀다. 마지막 후렴 부분은 합창이었다. 「올드 랭 사인」의 구슬픈 가락에 담긴 애국가는 나라 없는 설움을 더욱 복받치게 했다. 시위 현장에서 태극기를 흔들며 "조선 사람 조선으로 길이 보전하세"를 부를 때 눈시울을 적시지 않은 사람은 아무도 없었다. 애국심 따위에는 관심도 없었던 친일 세력조차도 만세에 동참할 정도로 애국가의 파급력은 컸다.

이후 시위가 전국화, 일상화되면서 일제에 저항하는 공동체로서 '우리 민족'이라는 의식이 대중화되는 데 애국가와 태극기는 큰 역할을 했다. 3·1운동 전국 확산은 독립선언서와 태극기와 애국가가 함께했기에 가능했다. 태극기는 시위의 선봉에서 한민족을 단결시키는 깃발의 역할을 수행했으며 「애국가」는 나라를 상실한 고통을 절감케 함으로써 독립 투쟁 의지를 고취시켰다. 깃발과 노래와 격문, 독립선언서와 같은 문장이 혁명을 고조시킨

다는 걸 알 수 있다.

한인 헌병보조원이 만세를 제지하려 하자 여학생들은 오히려 함께 부를 것을 권유했다. 친일 부역 세력 중에는 만세를 제지하기는커녕 오히려 동조하는 사람도 있었다. 사람들이 점점 더 모이면서 군중으로 변해갔다. 당황한 헌병들은 시위대를 이끄는 학생들을 모두 헌병대 운동장으로 끌고 갔다.

이때 개성 동부 지역을 맡았던 여학생들이 만세를 부르며 연행되어 왔다. 남부 시위를 주동한 학생들도 개 쫓기듯 운동장으로 밀려들어 왔다. 산발적으로 만세를 부르던 여학생들이 모두 헌병대에 잡혀왔다. 헌병대 운동장에 모인 여학생들은 목이 터져라 만세를 불렀다. 마치 나라의 독립을 바라는 간절한 마음이 하늘에 닿기를 바라는 듯. 여학생들이라고는 믿기지 않을 만큼 우렁찬 만세 소리가 헌병대 담장을 넘어 개성 시내로 퍼져나갔다.

헌병대 정문 앞에서 여학생들이 끌려 들어가는 것을 지켜보고 있던 군중이 서서히 움직이기 시작했다. 어느새 천여 명으로 늘어난 군중은 우마차를 동원해 헌병대 정문을 밀어제쳤다. 운동장으로 몰려간 개성 시민은 여학생들과 합류해 만세를 불렀다. 헌병대 국기 게양대에 걸려 있는 대형 일장기를 걷어 내렸다. 먹으로 사괘를 그려 넣어 태극기로 바꾼 다음 그것을 힘차게 흔들었다.

헌병들이 여학생들의 머리채를 잡아끌고 가려 할 때 와그너 교장이 달려왔다. 교장은 우리 학생들을 용서해 달라며 무릎을 꿇고 빌었다. 학생들은 자신들은 잘못한 일이 없으니 용서를 구할 일이 아니라고 반발했다. 미국인 여성 교장의 간곡한 청을 모른 체 할 수 없었던 헌병들은 시위에 가담한 호수돈 여학생들을 기숙사에 강제로 집단 수용시켰다. 밖으로 나갈 수 없도록 헌병들이 교문을 막았다.

학생들은 기숙사에 갇힌 상태에서도 만세를 계속 불렀다. 다들 목이 쉬었지만 개의치 않았다. 쉰 목소리였기에 만세 소리는 더 비장하고 간절했다. 군중을 강제 해산시킨 헌병과 경찰은 주동자들을 신속히 체포했다. 물리적 충돌이 없었기에 서울처럼 사상자가 나지는 않았다. 하지만 개성 만세운동은 3·1 운동을 기호 지방과 강원도로 확산시키는 데 중요한 역할을 했다.

호수돈여학교 만세 시위에 뒤이어 남감리교에서 설립한 미리흠여학교, 송도고등보통학교가 참여하였고 연이어 다른 학교로 빠르게 만세 시위가 번져나갔다. 사태가 심각해지자 3월 5일을 기해 개성의 각 학교를 대상으로 휴교령이 내려졌다. 서울은 3월 1일에 이어 5일의 만세 시위가 총독부의 과잉 대응으로 걷잡을 수 없이 확산되자 잔인하고 과격한 무력 진압이 이루어졌다. 수많은 사상자가 발생했다. 만세 시위 가담자에 대한 대규모 검거와 함께 서울도 휴교령이 내려졌다. 유관순과 조화벽 같은 지방에서 유학 온 학생은 고향으로 내려갈 짐을 꾸려야 했다. 다음날 조화벽도 기숙사를 나와 친구 김정숙과 함께 양양으로 가기 위해 역으로 향했다.

2. 간 사람, 온 사람

조선 사람이믄 죄다 동학이었네라
저 무너미 고개 넘어 곰나루 돌아
우금치에서 다 죽었네라
몽둥이 들고 죽창 들고
왜놈들 신식총과 맞섰으니
계란으로 바위를 치는 격이었네라
우금치 마루는 시체로 하얗게 덮였고
시엿골 개천은 아흐레 동안 핏물이 콸콸 흘렀네라
준자 봉자 최준봉
녹두장군 모셨던 할배도 게서 죽었네라
니는 우금치가 낳은 씨알이네라
우금치를 잊으면 사람이 아니네라

— 박제영, 「우금치-씨알」 중에서

조화벽이 태어난 곳은 강원도 양양군 양양면 왕도리다. 양양은 백두대간을 뒤로하고 앞으로는 태평양으로 향하는 검푸른 동해가 펼쳐져 있다. 태백산맥의 주산인 설악산과 점봉산에서 흘러내리는 작은 샘물은 남대천, 물치천, 쌍천 등 크고 작은 하천이 되어 동해로 흘러든다. 북쪽과 서남쪽으로 백두대간의 등줄기가 뻗어내린 산맥들이 급경사를 이루고, 동쪽으로는 바다에 접해 있다. 동서로 가로질러 흐르는 남대천을 중심으로 비교적 넓은 평야도 품고 있다. 남에서 북으로 100리에 달하는 해안선에는 모래사장이 끝없이 이어져 있다.

태백산맥이 차가운 북서 계절풍을 막아주어 겨울에도 따뜻하다. 해풍의 영향을 받아 여름에는 서늘하다. 산 좋고 물도 많은 양양은 산과 들에도 강과 바다에도 먹을거리가 풍부해 먹고살 걱정이 없는 고장이었다. 여름에는 남대천에 은빛 은어가 반짝이고, 가을 산에는 송이 향이 향기롭다. 봄이면 나물이 지천이고 겨울 바다는 명태가 펄떡였다. 먹고살 걱정이 없었으니 백성들은 성품이 순하고 넉넉했지만 양양 사람의 골수에는 태백의 등줄기에서 이어져 내려온 강인함이 새겨져 있었다.

조화벽 출생지는 관의 가렴주구와 외세 침략만 없다면 자연인으로 평화롭게 살 수 있는 여건이 다 갖추어져 있었다. 거기다 유복한 한양 조씨 집안 무남독녀로 부모의 지극한 관심과 사랑도 예약되어 있었다. 당시로는 드물게 모태신앙으로 하나님 사랑도

듬뿍 받고 태어났다. 하지만 그건 조화벽 개인의 행운에 그쳤다. 나라 바깥에는 거대한 소용돌이가 몰려오고 있었고, 한민족 역사에 유례를 찾아볼 수 없는 고난의 시대가 성큼성큼 다가오고 있었다.

19세기 들어오면서 세계는 격변하고 있었다. 자신들의 세계에 골몰하고 있던 조선은 모르고 있었지만 공업화와 함께 자본과 국가가 결합한 제국주의 시대가 열리고 있었다. 조화벽이 태어난 19세기 말 조선은 뱀 소굴에서 방금 부화한 새 같은 형국이었다. 서구 열강이 노골적으로 힘을 드러내면서 은둔의 나라 조선을 삼키려 입맛을 다시고 있었다. 특히 주변국인 청나라와 일본, 러시아가 솜털 보송한 여린 새를 서로 잡아먹으려고 눈독을 들이고 있었다.

불행하게도 이 중요한 시기에 조선은 절대 왕권 정조 시대가 저물고 허수아비 군주가 줄줄이 나라의 주인이 되었다. 힘없고 어리석은 군주는 외척들에게 나라를 통째로 맡겼다. 외척은 국정을 농단하였고, 외척과 결탁한 관과 이서배들은 가렴주구를 일삼았다. 현실 인식이 없었던 지배층은 일신의 영화만을 도모했을 뿐 세계정세가 어떻게 돌아가는지 관심이 없었고 백성의 고통 따위도 안중에 없었다.

삶이 피폐해질 대로 피폐해진 백성들은 도처에서 민란을 일으켰다. 모든 혁명은 학정으로 인한 배고픔이 극에 달했을 때 일어나는 법이다. 죽지 못해 살던 백성들이 탐관오리 척결과 제세구민의 기치를 내건 동학의 깃발 아래 모였다.

처음에는 부패한 관리를 내쫓고 먹고사는 문제를 해결하려고 한 민란의 성격을 띠었었다. 점차 폐습의 원인인 봉건 체제를 반대하면서 민중의 삶의 질을 높이려는 사회 개혁 운동으로 흘렀다. 동학 세력이 점차 커져 관군만으로는 막아낼 수 없게 되었다. 허약한 조정은 청나라에게 도움을 청했다. 무례하고 무서운 게 없었던 청나라 군사는 조선에 폭압적이고 파괴적인 방식으로 개입해 백성들의 원성이 높았다.

조선 침략의 기회를 엿보던 일본이 속으로 만세를 불렀다. 조선에 청이 들어오면 일본도 들어간다는 조약과 자국 거류민을 보호한다는 명분으로 조선에 파병을 했다. 전주를 장악했던 동학 농민군은 일본과 청이 개입했다는 소식을 듣고 무장을 해제하고 농사에 복귀했다. 동학 농민 궐기는 애초에 탐관오리 척결이 목표였다. 농민 궐기가 외세 침략의 빌미가 되는 걸 원치 않아서다. 하지만 일본군이 경복궁을 점령해 건청궁에서 고종에게 칼을 들이대며 근위대를 무장 해제시키고 청과 우리나라에서 전쟁을 벌이자 반외세, 반침략을 외치며 다시 봉기했다.

우금치에서 일본군과 만난 농민군은 왜놈들 물러나라고 외치며 창을 높이 들었다. 하지만 고개 양쪽에서 쏟아지는 일군의 회선포에 농민군은 줄줄이 넘어졌다. 회선포는 한 번에 수십 명 씩 쓰러트리는 일종의 따발총이었다. 농민군의 구식 무기로는 도저히 대항할 수가 없었다. 전의를 상실한 농민군은 뿔뿔이 흩어져 남하했다. 동학군을 폭도로 간주한 조선 군대는 일본군과 연합하였고, 전남 장흥에서 전열을 가다듬은 농민군은 석대들에서 조선과 일본 연합군을 상대로 마지막 일전을 치렀다. 농민군으로서는 중과부적이었다. 석대들 너른 벌판이 삽시간에 2,000여 명의 농민군 시체로 덮였다. 생포된 농민들은 산 채로 화형에 처해졌다.

일본군과 전면전을 선포하고 1년여 만에 잡힌 전봉준은 동학농민군이 재봉기한 연유를 이렇게 밝혔다. "일본군이 궁궐을 침범한 죄를 묻고자함이었다. 우리는 모든 외국인을 축출할 의사는 없다. 통상을 허락하나 군대를 이끌고 침략한 일본은 용서할 수 없다." 전봉준은 동학군 재봉기가 순수한 항일 투쟁이었음을 명백히 밝히고 대원군과의 내통을 완강히 부인했다.

전봉준이 21명의 동지들과 함께 참수형에 처해지면서 반봉건에서 반외세, 반침략 운동으로 성격을 바꾸며 새로운 세상을 꿈꿨던 갑오농민전쟁은 그렇게 끝나고 말았다. 동학 농민운동은 집권 세력과 일본의 개입으로 실패로 돌아갔지만 사회적으로 신분제 철폐와 조혼 금지, 과부 재가 허용을 이끌어내며 근대의 초석을 놓았다. 또한 동학의 저항 정신은 3·1 운동을 거쳐 독립운동의 정신적 기반이 되었다.

조선 땅에서 힘겨루기를 하던 청나라와 일본은 누가 더 센지 결판을 내려고 했다. 백성은 우리 안 마당에서 두 침입자가 칼부림하는 걸 지켜보아야만 했다. 신식 무기와 강도 높은 군기로 무장한 일본이 청나라를 이겼다. 국운이 기울 대로 기운 청나라였다고는 하지만 조선인들에게 일본의 승리는 충격이었다. 대국을 한 번에 물리친 일본에 대한 두려움과 함께 반발도 커져갔다.

청일 전쟁의 승리로 기세가 등등해진 일본은 조선에 대해 청이 더 이상 간섭하지 못하도록 쐐기를 박았다. 그리고 청나라의 요동반도도 제 것으로 만들었다. 그것은 다음 단계로써 만주 침략의 발판을 만들기 위한 포석이었다. 1887년에 맺은 사기와 협잡 수준의 조일수호조규 이후, 아니 임진왜란 이후부터, 아니 그 이전부터 집요하게 조선을 넘보고 있던 일본이 다시 조선 침략의 야욕을 노골적으로 드러낸 것이었다.

청일 전쟁 후 일본의 영향력이 강해지자 러시아는 독일, 프랑스와 연합하여 즉각 견제에 들어갔다. 독일과 프랑스를 등에 업은 러시아가 당장 요동을 내놓으라고 윽박지르자 일본은 두 말도 못하고 다시 토해냈다. 러시아가 청을 이긴 일본에게 총 한 방 쏘지 않고 요동반도를 포기시킨 것에 조선은 주목했다. 누구보다 병법을 잘 알았던 명성황후는 다각적 외교를 통해 어느 한 나라 독점 지배에서 벗어나야 한다고 인식했다. 이이제이(以夷制夷). 오랑캐로 오랑캐를 친다는 것이 민비의 외교 전략이었다. 러시아와 손을 잡고 무례하고 폭력적인 일본을 견제하려고 했다.

삼국이 연합했다고는 하나 러시아 위력에 굴복한 일본의 국제적 위신은 실추되었고, 이에 따른 일본의 위기의식은 컸다. 일본에게는 친러 정책을 펴는 명성황후야말로 조선 침략의 큰 걸림돌이었다. 친러파 생명선을 끊어야 했다. 일본 영사 기무라는 일본 낭인들을 조직적으로 동원하여 조선의 실질적 권력자인 왕비를 무참히 시해했다. 살생에도 예가 있는 법이다. 조선은 큰 나무를 벨 때도 생명에 대한 예를 갖추는 나라다. 하물며 한 나라 왕비를 그토록 비참하게 극악무도하게 살해하다니.

그날의 작전명은 여우사냥이었다. 망국 위기에서 탁월한 지략을 발휘했던 국가 경영자가 한밤중에 쳐들어온 일본 낭인 집단과 일본과 결탁한 정치적 반대 세력에 의해 치욕스러운 죽음을 당했다. 이불에 둘둘 말아 함부로 불에 태워진 왕비의 죽음은 백성들에게 잔인하고 비참한 방식으로 국운이 스러져가고 있다는 걸 보여준 셈이었다.

국모의 죽음을 무력하게 바라볼 수밖에 없었던 백성의 분노는 컸다. 그런 상황에서 친일 내각이 황후 폐위 조치를 내렸다. 일인들은 살해한 왕비를 모욕하고 격을 낮추려고 했다. 명성황후가 사치를 일삼고 부패하고 향락에 빠져 있었으며 매관매직을 일삼았다는 설은 일제의 모함이 크게 작용한 것이었다. 자신의 권력 기반이 없었던 고종은 흥선대원군의 충신들로 채워진 조정에서 믿을 곳이라고는 황후의 친인척밖에 없었다. 민씨 일가를 요직에 등용한 건 자신의 권력 기반을 다지기 위해서였다.

갑작스럽게 조선 말기 정치와 역사의 중심에 서게 되었지만, 본디 명성황후는 권력 그 자체에 대한 야망은 없었다. 명성황후를 간단히 평한다면 한 나라의 왕비로, 한 집안의 안주인으로, 어머니로 나라와 집안과 자식을 지키기 위해 최선을 다한 인물이었다. 비숍과 언더우드 등 외국인 눈에 비친 명성황후는 뛰어난 학문과 훌륭한 지성을 갖춘 탁월한 외교관이었고, 논리가 치밀하고 정연해 외국 공사들도 감탄해마지 않았다고 한다. 미 공사관 서기 윌리엄 프랭클린 샌드는 명성황후를 '개성이 강하고 굽힐 줄 모르는 의지력의 소유자'라고 했다. 하지만 명성황후는 겉으로 보이는 것과는 달리 결코 강한 사람이 아니었다. 조카 민영소에게 보낸 한글 편지를 보면 항상 불안했고, 자주 체증과 담체에 걸렸으며, 잠을 이루지 못하는 고통을 호소하는 등 온갖 스트레스성 질병에 시달린 병약한 여인이었다.

명성황후에 대한 부정적 평가는 극단적 보수주의자였던 흥선대원군과 그 세력들이 만들어 낸 것이며, 황현이 쓴 『매천야록(梅泉野錄)』 영향도 무시할 수 없다. 여자가 정사에 간여하는 걸 못마

땅하게 여긴 완고한 유학자의 주관적 견해나 취향을 고려하지 않을 수 없다. 우리나라에는 본래 "암탉이 울면 집안이 망한다"는 말이 없었다. 이는 일본 공사 이노우에가 처음 쓴 말인데, 당시 조선 주권을 정당하게 행사한 명성황후를 빗대어 한 말이었다. 일본이 명성황후를 깎아내리기 위해 썼던 일본 관료의 말이 민간에서 전래 속담으로 포장되어 제 목소리를 내는 여성을 핍박하는 데 쓰였다는 사실을 생각하면 참으로 개탄스럽고 씁쓸하다.

명성황후를 가까이에서 접한 사람은 장식을 최소화한 소박한 차림새의 단아한 왕비로 기억했다. 사치의 증거로 회자되었던 '표범 가죽 40장으로 만든 양탄자'는 궁중 어디에도 존재하지 않았다. 매관매직의 경우 인사권을 행사하는 과정에서 사례를 받은 기록이 있는데, 이는 당시 바닥이 난 왕실 운영 자금을 위해 일정 부분 허용했을 것이다.

유생들은 일본에 협력한 역적을 처단하자며 연일 상소문을 올렸고, 국모의 원수를 갚기 위해 의병을 모집하여 훈련하는 창의소를 조직하기도 했다. 그 무렵 일본의 강요로 전국에 단발령이 내려졌다. 개혁이라는 이름으로 국왕과 왕세자의 머리카락을 잘랐으며, 순검들은 길에서 백성의 상투를 강제로 베었다. 상투가 잘리자 머리카락이 쏟아져 내려 눈앞을 가렸다. 단발은 단지 긴 머리카락을 자르는 단순한 행위가 아니었다. 상투는 조선인의 긍지

이면서 전통의 유산으로 신성 그 자체였다. 국모를 시해한 것으로 모자라 이제 조선 혼을 말살시키려는 일본의 행태에 백성의 반발은 더욱 거세졌다. 의병이 전국적으로 일어났다.

처음에는 위정척사(衛正斥邪)를 내세운 유생들이 주도했지만 곧 일반 농민과 동학 농민군 잔여 세력이 가담했다. 국모의 원수를 갚고 우리 혼을 지키자며 궐기한 의병은 군사 행동으로 활동 범위를 넓혀갔다. 충주를 비롯한 지방 주요 도시를 공격해 친일 관리와 일본인을 처단했다.

양양에서도 민영호의 을미의병 부대가 궐기했다. 일본군 지휘 아래 관찰사 서정규가 이끈 관군과 의병이 양양면에서 전투를 벌였다. 일본군의 무차별 공격에 애꿎은 민가 30여 호가 불에 타 잿더미가 됐다.

10월 8일 명성황후가 일본에 의해 잔인하게 시해당하고, 일본에 대한 백성의 분노가 극에 달했던 1895년에 조화벽은 태어났다. 스러져가는 나라를 마지막까지 지키려 애쓰던 국모였고, 왕비이기 이전에 아내였고, 죽는 순간 아들의 안위를 걱정하던 어머니이기도 했던 명성황후가 세상을 떠난 을미년 초겨울이었다. 빼앗긴 나라의 독립을 위해 선봉에서 만세를 불렀고, 멸문지화를 당한 유관순 일가를 품었고, 가난한 아이들 교육에 헌신하였고, 자기 자식 외에 일가의 아이들을 거두었던 마치 대모신 같은 또 다른 어머니, 조화벽이 세상에 왔다.

아침에 문을 여니 세상이 온통 하얬다. 첫눈이었다. 밤새 소리 없이 사락사락 내린 눈이 쌓여 종아리가 푹 빠질 정도였다. 감나무 가지에 소복하게 쌓인 눈이 아내가 간밤에 무사히 몸을 푼 것을 축복하는 것 같았다. 조영순(趙英珣)은 어미 품에 안긴 딸의 작은 머리에 손을 얹고 감사 기도를 했다. 혼인한 지 9년 만에 가진 아이였다. 붉은 고추 없이 새끼줄에 숯만 달면서도 전혀 서운하지 않았다. 조영순은 그 당시 누구도 자유롭지 못했던 남존여비라는 고정관념을 일찍이 뛰어넘은, 드물게 깨인 사람이었다. 아비는 딸에게 여자를 넘어 세상을 아름답게 만드는 사람이 되라는 의미로 '화벽(和璧)'이라는 이름을 지어주었다.

조화벽의 아버지 한양 조씨 조영순은 초기 감리교회 교직인 본처전도사였다. 어머니 전미흠(全美欽)은 구약성서 속 모세의 누이인 '미리암'의 이름을 딴 것으로 보아 부모가 개신교 초기 유입기에 입교했을 가능성이 높다. 조영순이 감리교에 입교한 것도 아마 아내의 영향이 컸을 것으로 보인다. 양양에 최초로 교회가 들어선 건 1901년이다. 조영순과 전미흠은 양양에 교회가 생기기 전부터 이미 개신교도였다.

조선에 개신교가 최초로 유입된 것은 순조 재위(1800~1834) 무렵이다. 개신교는 천주교처럼 심하게 박해를 받지 않았다. 목이 잘리고 효수를 당하는 등 수많은 순교자를 낳은 천주교와 달리 피 한 방울 흘리지 않은 무혈입성이었다. 그건 종교적, 정치적 이유를 떠나 기독교로 개종하라고 설득하거나 교인을 양성하려고 무리하지 않았기 때문이기도 하다. 교리를 내세우는 대신 아픈 사람을 돌보고, 위생과 보건 교육을 하고, 달콤한 과자와 빵을 나누면서 민중과 가까워졌다. 점점 민간의 일상 속으로 자연스럽게 스며들었고, 그리스도의 인격을 교양하는 쪽으로 나아갔다. 나라에서 개신교가 정식으로 선교 사업을 허락받은 건 1884년에 이르러서다. 고종이 교육 분야나 의료 사업에 한해 개신교의 활동을 윤허했다. 개신교 선교가 본격적으로 개시되고 교회가 세워진 건 그로부터 10여 년이 지나서였다.

양반가의 조영순은 양양에서 본격적인 남감리교 선교가 이루어지기 전부터 남자를 상대로 복음을 전했는데, 그의 앞서가는 인식을 보여주는 흥미로운 대목이다. 반면 전미흠은 바깥출입이 자유롭지 못한 규방의 아낙들을 찾아다녔다. 세상과 절연된 여자에게 찬송가를 가르쳤고 글을 모르는 여자에게는 성경을 이야기처럼 풀어서 전했다. 일찍부터 개신교를 받아들인 조화벽 부모는 양양 지역에 남감리교 선교의 틀을 마련한 사람이었다.

나라 사정은 망국으로 치닫고 있었지만 조화벽은 유복한 유년을 보내고 있었다. 여섯 살 무렵 양양 지역 최초 교회인 양양교회가 세워졌다. 남감리교 하디 선교사가 성내리에 세운 교회였다. 조화벽은 요즘으로 치면 장로에 해당하는 전도사 아버지와 전도부인이었던 어머니 손을 잡고 성내리교회를 다녔다. 나라가 어찌 돌아가는지 몰랐던 어린 조화벽은 주일이면 부모님과 예배당을 가는 게 마냥 즐겁기만 했다.

조화벽이 여덟 살이 됐을 때, 일본이 이번에는 우리 바다에서 러시아를 상대로 싸움을 걸었다. 대한제국에 대한 러시아의 영향력을 무화시키려는 도발이었다. 영국과 동맹을 맺은 일본은 여순항에 정박 중인 러시아 함대를 기습해 격파하고 울릉도 근해 러시아 발틱 함대를 침몰시켰다. 그렇게 쉽게 손을 들 러시아가 아니었지만, 6월에 일어난 1차 소비에트 혁명으로 러시아는 경황이 없었다. 덕분에 일본은 쉽게 승리를 거둘 수 있었다.

내막을 잘 모르는 조선인들은 청에 이어 강대국 러시아와 싸워 이긴 일본의 힘에 놀라지 않을 수 없었다. 이제 일본 세상이 될 거라며 사람들은 모이기만 하면 나라 걱정을 했다. 조선의 일본 거류민들은 승리에 한껏 취했다. 일본인들은 밤새 축포를 쏘아대고 술에 취해 양양 거리를 쏘다녔다. 행인에게 괜히 시비를 걸며 행패를 부렸다. 아직 어린 조화벽은 무서워 방안에서 이불을 뒤

집어썼다.

청나라도 러시아도 조선에서 물러갔다. 영국과 미국도 자국의 이익을 챙기고 일본 손을 들어주었다. 조선이 일본에 먹히는 건 시간 문제였다. 1905년 마침내 주권 국가임을 증명하는 외교권을 빼앗겼다. 조선을 간섭 통치하는 기구인 통감부 설치를 골자로 하는 을사늑약이 강제로 체결되었다. 고종은 끝까지 문서에 도장을 찍지 않았다. 을사년, 온 나라는 분노와 슬픔과 절망에 빠져 말 그대로 을씨년스러웠다. 한반도는 역사 이래 처음으로 나라의 주인 자리를 다른 민족에게 빼앗기는 비극에 처하게 됐다.

3. 학교에 가기로 결심하다

지금 눈 내리고
매화 향기 홀로 아득하니
내 여기 가난한 노래의 씨를 뿌려라.

다시 천고의 뒤에
백마 타고 오는 초인이 있어
이 광야에서 목놓아 부르게 하리라.

— 이육사(1904~1944), 「광야」 중에서

을사의병이 크게 일어나 양양에도 의병 활동이 활발하던 때 조화벽은 열 살이었다. 교회에서 만나는 어른들 얼굴마다 근심이 가득한 까닭이 무엇인지 조금은 알 수 있는 나이였다. 온 백성이 기울어져 가는 나라 걱정을 하던 때였다. 마침 남궁억(南宮憶)이 양양군수로 부임했다. 남궁억의 부임은 절망에 빠진 양양에 새로운 바람을 일으켰다.

철종이 죽고 고종이 즉위하던 1863년에 태어난 남궁억은 1883년 8월 우리나라에 최초로 설립된 영어학교인 동문학(同文學)의 첫 입교생이었다. 스물한 살 청년이었던 그는 이듬해 학교를 최우등으로 졸업하고 조선 최초 영어 통역관이 되었다. 자신의 통역을 맡게 된 그를 항상 지근에 둘 만큼 영어를 잘하는 청년에 대한 고종의 신임은 두터웠다. 1889년에는 왕실 최측근인 왕실 시위대 궁내부 별관직에 임명되었고, 1895년에는 갑오경장 내각 내부 토목국장으로서 서울 도시계획 첫 페이지를 장식했다. 서울 중심가 도로를 정비하고 탑골공원(파고다공원)을 축조하였다. 마치 르네상스를 연 레오나르도 다빈치처럼 그는 국정 다방면에 참여했다. 하지만 재주가 많았고 열정적이었던 남궁억은 관직보다는 오히려 교육에 뜻이 있었다.

스러져 가는 국운을 다시 세우려면 무엇보다 국민을 깨우쳐야 한다고 생각한 남궁억은 민영환이 설립한 흥화학교(興化學校) 교사가 됐다. 영어와 국사를 강의하며 교육입국을 실현하고 국민의

식을 고취하는 데 힘쓰는 한편 남궁억은 서재필이 설립한 독립협회에 가입해 독립신문 편집 일도 겸임했다.

2년 후에는 황성신문을 창간해 독립의식을 고취하고 개화사상을 보급해 국민을 계몽하려 했다. 하지만 영국 지원 아래 일본이 한반도에 막강한 위력을 갖게 되는 '러일 협정'의 부당함을 논박한 사설이 문제가 되어 사장직을 사임하고 언론계를 떠날 수밖에 없었다.

대한제국이 아직 버티고 있던 1906년. 남궁억이 양양군수로 관직에 다시 몸담게 된 건 고종의 청도 있었지만 마지막까지 나라를 바로 세우기 위한 일에 열정을 바치기 위해서였다. 양양군수 부임 환영회에서 그는 "설악산 돌을 날라 독립 기초 다져놓고 청초호 자유수를 영 너머로 실어 넘겨 민주의 자유강산 이뤄놓고 보리라"는 시조를 즉석에서 지었다. 그의 독립 의지가 얼마나 간절했는지 알 수 있다. 남궁억은 양양군수로 부임해 헐벗은 산에 나무를 심고 제방도 쌓았지만 무엇보다 근대식 교육기관 설립을 염두에 두고 있었다. 물론 당장 나라를 뺏길 지경인데 차라리 총을 들어야지 하며 혀를 차는 무리도 있었다.

일제의 강제병합 전 독립운동에는 두 주류가 있었다. 의병 활동으로 대표되는 무력 항쟁과 신학문을 접한 사람이 주도한 실력 양성 운동이다. 남궁억이 굳이 교육의 장을 마련하고자 했던 건

길게 보아 실력을 양성해야 일본을 물리칠 수 있다는 신념에서였다. 양양 동헌 뒷산에 건물을 짓고 현산학교(峴山學校)라 이름 지었다. 1월에 양양군수로 부임하여 7월에 개교한 현산학교 설립 속도는 교육입국에 대한 남궁억의 강한 의지를 엿볼 수 있는 대목이다.

조선 교육 체제는 국립인 사부학당(四部學堂)과 향교(鄕校), 사립학교 격인 서원(書院)으로 이루어져 있었다. 향교는 주자학을 가르치고 공자 위패를 모시고 제사를 지내는 국가 교육기관이었다. 사원은 지방 인재 양성과 마을 질서 유지 역할을 했다. 하지만 성리학이라는 인문학적 사상 체계만으로 급격한 시대 변화를 제대로 대응할 수는 없었다. 한 나라가 다른 국가를 군사적, 정치적, 경제적으로 지배하려는 제국주의 시대가 도래한 때 필요한 건 사서삼경이 아니라 실용 학문이라고 믿은 남궁억은 유림의 강력한 반대를 무릅쓰고 근대 교육기관을 세운 것이다.

총 4만 냥의 기금으로 설립한 현산학교는 수업료 면제와 학용품 무상 지급을 내세우며 학생 200여 명을 모집했다. 교과목은 영어, 산술, 음악, 체조 등 선진적인 교과를 포함 8개 과목이었다. 현산학교는 설립자 남궁억의 교육 사상인 '자주독립, 근로정신, 남녀평등 사상'을 중점적으로 교육해 양양 지역 인재 배출의 요람이 되었다. 현산학교는 향교와 서원이 지배했던 보수적인 양양에 개화의 새바람을 불러일으켰다.

한일 병탄 이후 일제 교육기관인 공립보통학교가 들어서면서 현산학교는 결국 문을 닫았다. 하지만 남궁억이 근대식 학교에서 길러낸 진보적 사상을 가진 젊은이들은 성내리교회 청년들과 함께 3·1 운동에 주도적인 역할을 하게 된다.

마침내 일본에 나라를 빼앗기자 남궁억은 새 세대 교육의 필요성을 더욱 절감했다. 배화학당 교사로 부임한 남궁억은 독립사상을 고취하고 애국 가사를 보급하는 한편 나라꽃 무궁화를 널리 알렸다. 또한 한글 서체도 창안해 민간에 널리 쓰이도록 애썼다. 배화학당에서 9년 동안 고군분투 끝에 건강이 악화된 그는 친지 권유로 선조의 고향인 홍천군 서면 보리울(牟谷, 모곡)로 내려갔다. 건강을 어느 정도 추스른 남궁억은 모곡 감리교회를 세우고 교회 내에 4년제 보통학교인 모곡학교를 설립하였다. 모곡학교를 통해 교육입국의 신념을 계속 이어나가던 남궁억은 1933년 '무궁화동산 사건'으로 체포되어 복역하였고, 모곡학교는 일제에 의해 공립학교로 편입되었다.

무궁화는 오랜 역사를 두고 우리 민족과 함께 끊임없이 꽃을 피워왔다. 구한말 격동기에 민족의 꽃으로 선택되면서 무궁화는 나무 역사에서 유례를 찾을 수 없는 모진 수난과 박해를 받기도 했다. 일제 강점기, 민족정신을 말살하려는 일제의 획책에 맞서 우리는 무궁화 심기 운동을 벌였다. 비폭력적 민족저항 운동이라는 점에서 나무의 3·1운동인 셈이다. 얼이 살아있으면 빼앗긴 나라를 되찾을 수 있다고 믿었던 사람들에게 무궁화는 곧 민족의 얼이기도 했다.

남궁억은 모곡학교 안에 묘포를 만들고 무궁화를 전국적으로 보급하려고 했다. 무궁화 심기가 전국적으로 확산될 기미가 보이자 일제는 운동을 주도한 남궁억과 관련자를 모두 체포했다. 홍천 보리울 산속에서 몰래 키운 무궁화 묘목 8만 주가 발각돼 화형에 처해졌다. 무궁화가 민족의 구심점이 되는 걸 우려한 일제는 무궁화가 병을 옮긴다느니 해충의 온상이라느니 쳐다보면 안질이 걸린다느니 온갖 터무니없는 혐의를 씌워 보이는 족족 목을 베거나 뽑아버렸다. 나라 없는 백성에게 무궁화는 목숨 걸고 심어야 하는 나무였다.

남궁억은 무궁화 심기 운동에서 비화된 기독교 계열 독립운동 결사 조직인 십자당 사건 주모자로 체포되었고, 서대문형무소에서 8개월간 옥고를 치렀다. 이미 70세가 넘은 나이였다. 노령인 점이 참작되어 가석방되었으나 그는 참혹한 수형 생활로 인한 병고 끝에 그토록 염원하던 민족 광복을 보지 못한 채 1939년 눈을 감았다.

우리 역사를 잊지 말자는 뜻에서 남궁억은 역사책인 『동사략

(東史略)』과 『조선이야기』라는 아이들을 위한 동화 형식의 국사책을 쓰기도 했다. 1930년대에 들어 일제의 검열로 국사 교육이 점점 더 어렵게 되자 『조선어보충』이라는 한글 책에 국사 이야기를 몰래 담아 가르치기도 했다.

감각보다 이성을 바탕으로 생의 가치를 탐구함으로써 인격을 완성시키는 것을 교육 목표로 삼았던 남궁억은 전래 암기적인 교육을 배척하고 체현의 교육을 주장했다. 일제의 교육 방식인 주입식 교육의 폐해를 아직까지 극복하지 못하고 있는 우리의 교육 현장을 생각하면 남궁억의 교육 사상은 지금도 생명력을 가지고 있다.

양양에 최초 근대식 학교가 세워졌다고는 하지만 그곳은 여전히 남자들만의 배움터였다. 여성 교육을 중시한 설립 취지와 달리 여자 아이는 근대식 교육을 받고 싶어도 받을 수 없는, 여전히 꿈도 못 꿀 그런 시절이었다. 열한 살이면 학교에 충분히 입학할 수 있는 나이였지만 조화벽 또한 부모를 통해 글을 깨우치고 성경을 읽는 정도였다.

1907년 정미년 정월에는 양양을 비롯한 영동 지방에 폭설이 내렸다. 백두대간이 수용할 수 없을 만큼 어마어마한 양의 눈이었다. 결국 쌓였던 눈이 무너져 내렸다. 산 정상에서 쏟아져 내린 눈은 해일처럼 양양 산간 지방을 덮쳤다. 많은 사람이 삶의 터전을 잃고 아까운 생명이 눈에 파묻혔다. 유례가 없었던 눈 폭탄이 나라의 운명을 예고하는 것만 같아 사람들은 더욱 불안에 떨었다. 정미년에 유독 의병 활동이 활발했던 건 나라를 잃을지도 모른다는 불안과 공포가 극에 달했기 때문이다.

2월에는 양양군 송전리에서 일본군이 마을 주민 세 명을 학살하는 일이 벌어졌다. 송포호에 오리 사냥을 하러 온 일본 군인이 민가에서 베 짜는 여인을 희롱하였고, 이를 본 사람들이 강력 항의했다. 일본 군인은 거세게 반발하는 양민 세 명을 그 자리에서 사살하는 짓을 저질렀다. 무고한 사람을 죽였는데도 처벌을 받기는커녕 일본군은 오히려 당당했으며, 조선의 백성들은 억울함을 하소연할 곳이 그 어디에도 없었다. 국법조차 행사할 수 없는 나라는 없는 것과 마찬가지였다. 이 일로 양양 군민의 가슴에 일본을 향한 분노가 더욱 응어리졌다.

보리가 팰 무렵 이강년(李康秊)이 이끄는 의병 300여 명이 양양을 공격했다. 당시로는 대규모인 이 의병 부대는 일본군 분견대와 전투를 벌이다 퇴각했다. 혹서가 맹위를 떨치던 8월 대한제국의 군대 해산 소식이 양양에 전해졌다. 의병은 더 거세게 일어났다. 여름을 거쳐 가을걷이가 끝나고 눈이 내릴 때까지 양양에서는 의병이 무시로 봉기해 일본군과 전투를 벌였다.

양양뿐이 아니었다. 전국에서 의병이 궐기했다. 을미사변 이후 일어나기 시작한 의병은 처음에는 지방 유생이 주도했지만 이후 농민, 포수 출신 의병장이 등장하는 등 전국으로 확산됐다. 군대가 강제 해산된 후 대한제국 병사가 합류하면서 그 세력이 더 커졌으며 1908년에는 의병 세력이 절정을 이루어 7만여 명에 이르렀다. 당시 조선 인구가 570만 명이었던 점에 비추어보면 대단한 숫자가 아닐 수 없다. 청장년층의 수많은 이가 의병 대열에 합류했으며 드물지만 부녀자와 소년, 노인도 있었다. 일본군이 서울을 텅 비워놓고 의병 진압에 총력을 기울일 정도였지만, 해가 바뀌어도 의병은 수그러들지 않았다.

그러나 의병은 물리적인 한계를 가지고 있었다. 의병의 때와 땀에 전 남루한 흰옷과 일본군의 깔끔한 군복. 의병의 옷고름과 일본군의 금속 단추. 의병의 짚신과 일본군의 장화. 의병의 화승총과 일본군의 신식 무기. 의병과 일본군의 극명한 대비는 전근대와 근대의 대비였으며, 의병전쟁은 애초에 조선이 질 수밖에 없는 무모한 싸움이었다.

신식 무기로 무장한 침략군 입장에서는 군사력이 이미 소멸한 나라의 귀찮은 저항 세력을 언제까지 두고 볼 필요가 없었다. 일제는 무력을 총동원해 의병 대토벌 작전을 전개했다. 의병은 물론 의병이 성장할 수 있는 환경을 말살해 버리는 작전이었다. 많은 의병이 일군과 헌병보조원에 의해 토벌되었다. 전략도 없고 전술도 잘 모르는 유생과 변변한 무기도 없는 농민의 의협심만으로는 조직적인 일본군의 막강한 무력에 당해낼 수가 없었다. 일본군은 의병을 잡으면 장터나 사람이 많이 모이는 곳에 장대에 목을 매달아 죽였다. 공포심을 유발하여 저항의 싹을 자르려 했다. 일본군의 잔인함에 사람들은 치를 떨었다.

일제의 강제 병합 이후 의병의 수는 현격히 줄 수밖에 없었다. 그럼에도 불구하고 살아남은 의병들은 게릴라 활동으로 끈질기게 총독부를 괴롭혔다. 일제의 강력 대응으로 더 이상 국내 활동을 할 수 없게 된 의병은 만주, 연해주 등지로 건너갔으며, 독립군의 기초가 됐다.

조화벽은 의병이 활발하게 활동하던 이러한 시기에 성장기를 보냈다. 몸뿐 아니라 의식의 성장기이기도 했던 조화벽에게 의병은 큰 영향을 주었다. 죽기를 각오하고 나라를 지키기 위해 나선 어르신들과 오라버니뻘 병사들의 분투는 조화벽에게 감동을 주었다. 한편으로는 가슴에 설명할 수 없는 슬픔도 스며들었다.

조화벽에게 남다른 자의식이 태동한 건 자신이 힘없는 나라의 백성이라는 사실을 깨닫게 되면서였으며, 질 줄 알면서도 무모한 줄 알면서도 죽음을 무릅쓰고 일제에 항쟁한 의병들의 숭고한 모습을 보면서였다.

의병들의 치열한 저항과 고종의 불복에도 불구하고 조선은 결국 일본에 강제 병합되었다. 강화도 조약 이후 40여 년간 집요하게 조선을 노리던 일본에게 결국 먹히고 말았다. 조화벽 나이 열다섯 살 때였다. 지금으로 치면 한창 미래에 대한 꿈을 키울 청소년이었을 조화벽은 졸지에 망국의 백성이 되고 말았다. 식민지 백성이 얼마나 큰 굴욕과 치욕과 억압을 견뎌야 하는지 자세히는 몰랐지만 나라를 잃었다는 상실감은 누구 못지않게 컸다.

시일야방성대곡(是日也放聲大哭). 을사늑약으로 장지연이 대성통곡했다면, 이번에는 온 나라가 통곡했다. 성내리교회에 모인 신도들은 누구누구가 자결을 했다며 분루를 삼켰다. 모두 기도실에 모여 나라를 되찾을 수 있기를 간곡히 기구했다.

조숙했던 조화벽은 이미 여성이 아니라 인간으로서 자아가 형성되어 있었다. '빼앗긴 나라를 되찾으려면 힘을 길러야 한다. 배워야 한다. 배움을 통해 힘을 기르리라.' 조화벽은 마치 청년처럼 결기를 다졌다. 그것은 식민지 조선에 순응하며 한낱 평범한 아녀자로 살지 않겠다는 결심이기도 했다.

당시는 열다섯 살이면 혼기에 접어든 나이였다. 빈부귀천을 막론하고 나이가 차면 매파가 나서 신분에 따라 적당한 자리에 시집을 보내주던 때였다. 여자는 이성과 지능이 떨어진다고 믿었던 시절, 여성은 스스로 결혼을 선택할 수도 없었다. 스무 살까지 혼인하지 않은 숫처녀를 그대로 놔둘 수 없다는 게 그 시대 일반적인 인식이었으며, 소녀들에게 조혼은 절대적 사회 규범이었다.

조화벽은 그런 사회 규범을 거부하고 남감리교에서 운영하는 성경학교에 입학하기 위해 원산에 가기로 했다. 결혼을 염두에 두어야 할 과년한 여자가 집을 떠나 외지로 간다는 건 대단한 용기와 남다른 신념이 있어야 가능한 일이었다. 지금도 어려운 일을 조화벽은 100여 년 전에 과감히 실행에 옮겼다. 일찍이 신문물을 받아들인 양양의 지역적 분위기도 작용했고, 여성 교육을 중시한 남감리교 포교 영향도 컸을 것이다. 특히 초기 개신교도였던 조화벽 어머니 전미흠은 딸이 대다수 조선 여자처럼 수동적이고 종속적인 삶을 사는 것을 바라지 않았다.

그 당시 여성은 여자로 태어났다는 이유 하나만으로 멸시의 대상이기도 했다. 성인이 되어도 마찬가지였다. 노새와 암말보다 값이 덜 매겨지기도 했던 여자는 결혼과 동시에 이름과 정체성을 잃어버리는 존재였다. 여자는 지각이 없는 존재로 여겨졌고 첫 선교사가 이 땅에 들어올 때까지 여성을 위한 교육기관은 기생 학교를 제외하고는 전무했다. 여성이 학문을 익히려면 오직 스스로 공부하여 학문을 깨우치는 방법밖에 없었다. 조화벽의 어머니 전미흠도 복음을 처음 듣고 성경을 읽기 위해서는 스스로 글을 익힐 수밖에 없었다. 스스로 글을 익히면서 의식도 함께 깨쳤으며, 남녀는 평등하고 여자도 배우면 능력을 발휘할 수 있다는 것을 믿게 되었다.

기독교회가 한국 사회에 끼친 중요한 윤리적 가치관 중 하나는 여성의 권리 신장이었다. 남자는 존귀하고 여자는 비천하며 여자는 무조건 남자를 따라야 한다는 사상이 절대적 힘을 발휘하던 사회였다. 그에 반해 교회에서는 하나님이 남녀를 평등하게 인격자로 창조했다고 가르쳤다. 기독교는 교육을 남녀평등권 실현을 위한 방편으로 인식하였고, 여성 교육에 많은 투자와 노력을 기울였다. 기독교 여성 교육은 남자와 마찬가지로 여자도 동등한 인간으로서의 삶을 누리게 하는 인간 해방에 그 초점을 맞췄으며, 여성으로 하여금 더 나은 한국인으로 성장케 하려는 민족 주체적 관점도 고려되었다.

조화벽이 진로를 정하는 데 있어서 부모 생각도 중요했지만 본인 의지가 더 크게 작용했다. 조화벽의 진학 결심은 무엇보다 배움에 대한 의욕이 강해서였다. 신학문을 통해 우리에게 없는 것을 배워 힘을 길러야 한다고 생각한 조화벽의 기질은 당시 보통 여자아이들로서는 상상할 수 없을 정도로 진취적이고 독립적이었다. 조화벽은 성경학교에 입학하기 위해 마침내 대포항에서 원산으로 가는 배에 올랐다.

4. 새로운 세상으로 나가다

어찌하야 이 나라에 태어난 이 가난한 시인이
이같이도 그 꽃을 붙들고 우는지 아십니까
그것은 우리의 선구자들 수난의 모양이
너무도 많이 나의 머릿속에 있는 까닭이외다

노래하기에는 너무도 슬픈 사실이외다
백일홍같이 붉게붉게 피지도 못하는 꽃을
국화와 같이 오래오래 피지도 못하는 꽃을
모진 비바람 만나 흩어지는 가엾은 꽃을
노래하느니 차라리 붙들고 울 것이외다

— 박팔양(1905~1988), 「너무도 슬픈 사실 – 봄의 선구자 '진달래'를 노래함」 중에서

검푸른 동해가 넘실거렸다. 원산으로 가는 뱃길은 섬 하나 없는 망망대해다. 양양은 태백산맥에 가로막혀 중앙에서는 고립된 형국이지만 바깥 바닷길은 대양을 향해 활짝 열려 있었다. 원산을 거쳐 일본으로 수월하게 갈 수 있었고, 블라디보스토크를 거쳐 대륙으로도 나갈 수 있었다. 양양이 다른 지역에 비해 새로운 사상을 쉽게 접하고 근대식 교육에 적극적이었던 데는 그런 지리적인 이유도 작용했다. 열다섯 살 조화벽은 앞으로 자기 앞에 펼쳐질 새로운 세상에 대한 떨림과 설렘, 그리고 처음 타보는 뱃멀미로 속이 울렁거렸다. 한편으로는 배에서 마치 제 나라인 양 거들먹거리는 일본인 승객의 행태에 절로 눈살이 찌푸려졌다.

원산은 조선 시대에는 조그마한 고깃배가 드나드는 한적한 어촌에 불과했다. 조일수호조규(강화도 조약) 이후 일본은 러시아 견제를 위해 동해안 지방의 항구가 필요했고, 원산진이라는 작은 포구가 일본의 레이더에 잡혔다. 러시아를 견제하고 일본과 조선 동해안을 잇는 항구로 원산이 가장 적합하다고 판단했다. 고기를 잡아 먹고살던 조용한 바닷가 마을은 일본 자본에 의해 들쑤셔지고 뭉개지고 새로 세워지면서 도시화가 급속하게 진행되었다. 을사늑약이 체결되고 침략이 완성 단계에 이르자 일본은 당시로써 거금인 6,500원을 투입해 항구를 넓히고 창고와 항만 시설을 추가로 건설했다.

주변이 육지로 둘러싸인 아름다운 항만은 대규모 함대가 넉넉히 정박할 수 있을 만큼 크고 수심도 깊었다. 산지에서 싼 값으로 후려친 강원도와 함경도의 물자를 일본으로 실어 나르고, 비싼 일본 상품을 들여오는 데도 더할 수 없이 효율적인 항구였다. 동해안 교역 중심지인 원산은 남감리교 선교 기지로도 매우 중요했다. 아름다운 풍광을 자랑하는 원산의 명사십리 백사장은 타국에서 고생하는 선교사 휴양지로도 유명했다.

원산은 한반도에 근대식 사립 교육기관이 처음 세워진 곳이기도 하다. 개신교 최초 학교인 배재학당(培材學堂)보다 2년 앞선 설립이었다. 외국인이나 종교 단체가 아닌 순수한 우리 힘으로 세운 원산학사(元山學舍)는 항구 번성과 궤를 같이했다. 1880년 개항과 동시에 일본인들이 터진 둑을 타고 물밀듯이 밀려들어 왔다. 일본군을 등에 업은 개척민 성격의 일본인은 거칠고 공격적으로 상업 활동을 했다. 안 그래도 허약했던 지방 경제는 허리가 휘청했다.

덕원과 원산 지역민은 일본 상인을 위시한 외국 자본 유입에 대항할 인재를 양성하고자 했다. 젊은이에게 새로운 시대에 맞는 지식이나 실무에 필요한 신지식 교육이 절실하다고 본 그들은 민간인의 자발적 모금으로 서당을 개량해 1883년 원산학사를 설립했다. 중앙 정부보다 지방 백성의 현실 인식이 훨씬 앞서가고 있었다는 증거가 될 수도 있다.

조화벽은 양양과 다른 의미에서 역동적인 원산의 성경기숙학교에 입학했다. 성경학교는 남감리교에서 세운 루씨여학교에 들어가기 위해 거쳐야 하는 일종의 예비학교였다. 루씨여학교는 바다가 내려다보이는 언덕에 화강암으로 지은 이국적인 교사가 무척 아름다웠다. 태백산맥에 가로막혀 다른 곳보다 척박했던 강원도 북부와 함경남도 지역의 근대 여성 교육에 루씨여학교는 큰 영향을 끼쳤다.

조화벽은 성경학교에서 2년을 보내고 열일곱 살에 루씨여학교 초등과에 입학했다. 돌로 지은 교사가 신기했다. 짚과 진흙, 목재로 지은 집과 달리 불에 타도, 몇백 년이 지나도 무너질 것 같지 않은 견고함이 무엇보다 부러웠다. 운동장에서도, 교실에서도 탁 트인 동해가 한 눈에 들어왔다. 틈이 나면 거칠 것 없는 검푸른 바다를 바라보며 조화벽은 미래를 설계했다.

대포항에서 배를 타고 원산에 내렸을 때 조화벽 눈에 제일 먼저 들어온 것은 반듯반듯하고 깨끗한 목조 건물로 이루어진 일본인 거류 지역이었다. 학교에서 내려다보이는 원산 시가지는 조선인이 사는 곳과 일본인 거류지가 명확히 구분됐다. 밤이 되면 일본인 거류지는 불빛이 환하고 생기가 넘쳤다. 그에 반해 조선인이 사는 지역은 등잔불조차 켜지 않아 어둡고 컴컴했다. 마치 멈춰버린 시계처럼 수백 년 전의 전근대 세계가 여전히 그 모습 그대로 존재하고 있었다. 조화벽은 우울하고 가슴이 답답했다. 한편으로 저 검은 장막을 걷어내고 불을 밝히는 데 한 몸을 바치고 싶다는 생각을 했다.

일제 강점 후 조선 거리에는 일본인이 점점 늘어났다. 강제 병합 이후 들어온 일인은 개항 초기에 들어온 개척민보다는 행동이 많이 순화되었다지만 한인을 무시하는 태도는 오히려 더욱 심해졌다.

구한말 조선을 여행했던 스웨덴 기자 아손은 조선인의 미래를 진심으로 걱정했다. 조선 사람은 품위가 있고 낙천적이고 매사에 여유가 있으며 국민성이 선량하여 아이와 같은 천진함을 간직하고 있다고 했다. 그에 비해 일본인은 한국인보다 한 뼘은 작은 체구에 지나치게 예의를 차리는 중에 눈은 먹이를 찾는 것처럼 교활하게 빛났다고 했다. 그는 또한 일본인이 작은 채찍을 내리치며 거리를 휘젓고 다녀도 눈만 껌뻑거릴 뿐인 순한 조선인이 약삭빠르고 야비한 일본에게 먹히는 건 시간문제 같다며 우려했는데, 그의 우려가 현실이 된 것이다.

일본은 본래 칼잡이 사무라이의 나라였다. 1868년 명치유신(明治維新, 메이지유신)으로 무사들이 칼을 빼앗기면서 사무라이 정신은 자본주의와 접목이 되었다. 사무라이는 칼 대신 신식 무기를 들었고, 봉건 영주 대신 일본 제국과 천황을 섬기게 되었다. 봉건 영주를 중심으로 자기네끼리 싸우던 사무라이들은 다른 나라를 침략하는 쪽으로 방향을 틀었다.

일본 근대화 기수인 계몽 운동가 후쿠자와 유키치(福沢諭吉)가 작정하고 일본에 제국주의를 심었다. 그는 아시아와 미개국을 경멸하며 탈아(脱亜), 즉 아시아를 벗어나자고 부르짖었다. 후쿠자와의 조선과 중국, 아시아에 대한 멸시관은 조선을 식민지로 다스리는 일본의 태도와 제2차 세계대전 중 저지른 일본군의 잔학 행위로 이어졌다.

후쿠자와는 조선의 멸망이야말로 오히려 조선인의 행복을 크게 만드는 방편이며, 압제도 내가 당하면 싫지만 남을 압제하는 것은 유쾌하다고 했다. 내가 당하기 싫은 일은 남에게도 하지 말라는 논어의 구절과 상반되는 주장을 한 후쿠자와 유키치의 초상은 일본 엔화(円貨) 1만 엔권에 찍혀 있다. 일본 침략의 사상적 기반을 조성한 인물이 계몽사상가로 국가에 의해 영웅으로 추앙되고 있는 한 일본의 조선 강점과 제2차 세계대전 중 저지른 전쟁범죄에 대한 진정한 사과는 없을 것이다.

20세기, 일본은 독일과 마찬가지로 자기 민족 외의 타민족은 자기 발아래 두고자 했다. 다른 민족을 모두 노예 취급한 편협한 국가와 민족은 타민족을 관용으로 품고 고유 문화를 존중한 로마와 몽골처럼 절대 제국을 이룰 수 없다. 로마는 10년이 지나면 노예에게도 시민권을 줬지만 일본은 내선일체를 내세우면서도 참정권은 생각도 하지 않았으며 끝까지 한민족을 노예로 부리려 했다.

역사 이래 다른 민족을 침략하지 않은 사실이 자랑은 아니라고도 하지만 내가 당하기 싫은 일을 남에게 하지 않은 선량하고 품격 있는 한민족의 민족성은 분명 자랑할 만한 일이다. 개인이든 국가든 이 진리만 염두에 둔다면 살 만한 세상이 되지 않을까.

영토 확장에 혈안이 된 일본 제국주의는 조선의 식민지 지배를 문명화를 위한 사명이라고 정당화했다. 일본은 문명이라는 입장에서 조선을 비문명이라 규정했다. 조선은 스스로 근대화, 문명화가 어렵기 때문에 자신들이 나선 것이라는 주장이었다. 결국 일본이 조선을 점령한 건 미개한 조선을 문명화하기 위한 어쩔 수 없는 선정의 시작이라고 강변했다.

하지만 일본은 조선인이 한 번도 일본보다 조선이 부족하다고 여긴 적이 없다는 사실을 알고 있었다. 오히려 '조선이 문명, 일본은 야만'이라는 인식이 지배적이라는 것도 알고 있었다. 비슷한 수준의 문화를 가진 나라를 식민지로 다스리는 문제는 서양 열강도 경험하지 못한 어려운 문제였다. 일본은 겉으로는 조선인을 더럽다 게으르다 멸시했지만 조선의 문화를 부러워하고 조선의 정신을 두려워했다. 일본으로서는 왜놈이라 부르며 속으로 일본을 무시하는 고상한 한국인의 기를 꺾어놓아야 했다.

일제는 칼을 차고 마을을 순시하는 헌병 경찰로 형상화된 무단 통치를 실시했다. 헌병 경찰의 권한과 역할은 기본 업무인 치안 유지 차원을 넘어 광범위했다. 민중은 일상을 파고드는 헌병 경찰을 통해 무단 통치의 위력을, 그리고 망국의 설움을 실감해야 했다.

칼 찬 헌병이 말에 높이 올라타고 수시로 마을을 순시했다. 큰 잘못이 없어도 거슬리면 재판도 없이 즉결 심판을 했다. 학교에서는 학생들을 운동장에 모아놓고 칼을 찬 교장이 훈시를 했다. 칼을 '스르렁' 뽑았다 칼집에 '철커덕' 꽂으며 어린 학생들에게 겁을 줬다. 또한 일제는 조선인에게만 적용한 '조선태형령(朝鮮笞刑令)'을 실시했다. 식민지 질서에 대항하거나 순응하지 않는 조선인을 형틀에 묶고 작은 곤장으로 볼기를 치는 형벌이었다.

태형은 갑오경장 이후 폐지한 봉건적 형벌이다. 그 악형을 일제가 다시 살려낸 것이다. 징벌 효과가 크고 집행 방법이 간단해 감옥 운영 비용을 줄일 수 있다는 것이 명분이었지만, 사실은 엉덩이를 까 내리고 곤장을 내리쳐 모욕감을 줌으로써 한국인의 기를 죽이는 방편으로 쓰였다. 무단 통치 2년 동안 8만여 건의 즉결 심판이 있었고, 그중 3분의 2가 태형이었다. 한 번에 90대까지 때릴 수 있는 태형은 심각한 부상은 물론 목숨까지 잃을 수 있는 악랄한 형벌로 조선인들의 원성이 높았다. 조선의 경제 또한 점점 더 피폐해졌다. 일본 자본의 수탈적 침투로 민족 자본은 쇠퇴하고 일본인에 유리하게 작용한 토지 조사 사업 등으로 농촌 경제도 파탄 지경에 이르렀다.

조화벽은 무단 통치가 실시되던 그 엄혹한 시기에 청소년기를 타지에서 보냈다. 신흥 항구도시인 원산은 양양보다 일본인 유세가 더 대단했고 헌병의 날카로운 감시는 집요했다. 여학생 차림의 젊은 여자에게 보내는 일본인들의 추파는 더욱 참기 힘들었다. 조화벽이 루씨여학교 초등부에서 수학하던 무렵 경원선이 개통되었다. 용산에서 출발, 개성을 거쳐 함경도 남부와 강원 북부를 가로지르는 경원선은 군용선 및 산업선 역할도 겸한 일제의 조선 수탈용 철도였다.

이 땅의 철마는 야수와 폭군의 얼굴로 등장했다. 국가와 민족의 희망찬 미래에 대한 기대와 함께 출발한 서구와는 달리 분노와 절망을 담고 있었다. 일제가 조선 땅에 철도를 건설한 것은 신작로와 함께 효율적인 침략과 수탈이 본래의 목적이었기 때문이다. 많은 조선인이 길을 닦고 선로를 놓는 노력 동원에 끌려가 중노동을 해야 했다. 조선의 농민은 자신의 피땀으로 닦은 신작로에 일본으로 실려 갈 쌀 수레가 줄을 잇는 걸 망연자실 바라볼 수밖에 없었다. 한반도 허리를 가로지른 경원선을 타야 하는 조선인의 심정도 마찬가지였다. 그건 신작로와 철도가 가져다 준 편리와는 별개의 분노와 비애였다.

경원선 건설 기간이 경술국치 직후인 까닭에 경원선 건설에 대해 민간인과 의병의 저항은 격렬했다. 일본인 측량대가 헌병대 비호 아래 한복을 입고 한국인으로 위장하고 측량할 정도였다. 경원선이 통과하는 함남 남쪽 관문인 안변군 삼봉은 계곡이 아름다워 휴양지로도 유명했지만 건설 당시에는 의병 습격이 잇따르면서 전쟁터가 되기도 했다. 의병을 비롯한 조선인의 목숨을 건 방해에도 불구하고 측량을 시작한 지 4년 만에 경원선 개통식이 성대하게 열렸다.

일제 강점기에 원산은 대흥교를 경계로 남쪽은 원산부, 북쪽은 원산리로 나뉘어져 있었다. 공장과 부민관, 은행, 상점, 신문사, 공설시장 등 편의 시설이 빼곡히 들어선 원산부는 주로 일본인들의 거류 지역이었다. 원산역과 철도 관사는 북쪽 원산리에 있었다. 산자락을 끼고 초가가 납작납작 엎드려 있고 변변한 건물 하나 없는 원산리에 우뚝 들어선 일본식 건물 원산역은 조선인을 압제하는 일제의 모습과도 같았다.

자의식이 강한 소녀였던 조화벽은 그 어느 곳보다 총독부의 영향력이 크게 작용하는 원산을 진작 떠나고 싶었다. 조화벽은 일본풍의 떠들썩한 항구 도시를 벗어나 조선의 기품이 살아 있는 고도, 개성 호수돈여학교로 전학을 결심했다. 경원선 개통이 없었다면 불가능했을 거라는 사실에 씁쓸했지만 호수돈여학교에 다닐 수 있다는 사실로 위안을 삼았다.

호수돈여학교는 대한제국 수립 2년 후인 1899년 12월에 남감리교 여성 선교 책임자로 개성에 부임했던 미국인 여선교사 캐롤(A. Carrol, 한국명 갈월(葛月))이 기독교 정신을 통한 근대 여성 교육을 목적으로 개성에 설립한 여학교였다. 설립 당시 학교 건물은 인삼 저장고였던 초가집 한 채가 전부였으며, 학생은 고작 열두 명이었다.

1904년 일본이 대한제국의 지배권을 뺏기 위해 러시아와 전쟁을 벌이던 무렵이었다. 개성 지방은 다른 지역보다 민족의식과 더불어 교육열이 높았는데, 개성에도 여학교를 설립해야 한다는 공론이 일었다. 개성 주민의 염원을 담은 모금이 이루어졌고, 임시 학교였던 호수돈여학교는 '개성여학당'이라는 이름으로 정식 개교했다. 한일 병탄 이후 미국 스탤리(Dr. T.F. Staley) 박사와 홀스톤(Holston) 지방 부인회의 재정 지원으로 4층 석조 건물의 교사를 신축하였고, 이를 기념하여 홀스턴을 한자음으로 가차한 '호수돈'으로 교명을 바꾸었다.

같은 남감리교 계통이었지만 루씨여학교와 달리 호수돈여학교는 학교 설립에 우리 민족 여성 교육에 대한 간절한 염원을 담은 우리의 민간 자본이 들어갔다. 도산 안창호는 호수돈여학교를 "어느 여학교와 비할 데 없이 조선의 딸로 키워주는 학교"라고도 했다. 종교를 떠나 민족의식이 강하며 교육의 질이 높은 명문 학교였음을 알 수 있다. 조화벽이 굳이 루씨여학교를 떠나 집과 더 멀리 떨어진 호수돈여학교로 전학하려 한 까닭이기도 했다.

호수돈여학교의 보통과로 전학한 조화벽은 고등과를 거치면서 민족정신에 기초한 기독교 여성 지도자 교육을 받았다. 1919년 3월 졸업을 앞두고 있던 조화벽은 그 시대 관습대로라면 벌써 혼기가 지난 나이였다. 조화벽이 의도적으로 혼기를 놓친 것은 한 남자, 한 집안에 종속된 삶을 살고 싶지 않았기 때문이었다. 그리고 무엇보다 조화벽에게 당시의 사회는 '일제치하(日帝治下)라는 하나의 거대한 감옥'이었다. 감옥살이의 고통을 조금이라도 벗어나는 길은 주체적 삶을 사는 것이었다.

당시는 미션계 여학교 고등과를 졸업하면 전문학교 진학을 하거나, 유학을 가거나, 또는 3년간의 의무 봉사 기간을 거쳐 교사가 됐다. 아니면 전도부인으로서 선교 사업에 종사하기도 했다. 그것이 당시 신학문을 한 신여성에게 기대되던 사회봉사자의 길이었다. 조화벽은 식민지 백성의 굴레를 하루라도 빨리 벗어나려면 교육밖에 없다고 생각했다. 졸업을 하면 교편을 잡고 아이들을 올곧게 가르쳐 독립의 초석이 되도록 할 작정이었다. 그것이 배운 여성에게 주어진 사회적, 민족적 소명이라 여겼다.

5. 귀향, 또 다른 시작

앞뒤로 덤비는 이리 승냥이 바야흐로 내 마음을 노리매
내 산 채 짐승의 밥이 되어 찢기우고 할퀴우라 내맡긴 신세임을

나는 독을 차고 선선히 가리라
막음 날 내 외로운 혼(魂)을 건지기 위하여.

— 김영랑(1903~1950), 「독(毒)을 차고」 중에서

조화벽은 친구 김정숙과 경원선에 몸을 실었다. 강제 휴교로 만세운동이 중단된 게 못내 아쉽고 분했다. 화물칸을 줄줄이 매단 객차에는 일본인이 드문드문 눈에 띄었다. 오만했던 그들의 태도가 전과는 조금 달랐다. 일제는 '데라우치 마사타케(寺內正毅, 조선총독부 초대 총독) 암살 기도'라는 날조한 105인 사건으로 개신교 중심의 독립운동 조직을 궤멸시켰다고 믿었다. 국외는 몰라도 국내 한국인은 누구도 총독부의 위력에 감히 반기를 들지 못하리라 확신했다. 3·1운동은 일제의 그런 과신을 무너뜨린 일대 사건이었다. 함부로 밟고 핍박해도 되는 조선인에서 다시금 위협적인 존재로 바뀌었음이 확실하게 느껴졌다. 개성에서의 거사는 당장은 큰 수확이 없었지만 조화벽은 이것이 끝이 아니라고 생각했다.

호수돈 비밀 결사대 동지들과도 고향에서 새로운 운동을 도모해 보자고 결의를 했었다. 지난 밤 결사대원들과 작별하면서 각자의 자리에서 독립을 위해 끝까지 싸우자며 손을 맞잡았다. 조화벽은 솜버선을 뜯어 버선목에 착착 접은 독립선언서를 넣은 다음 버선을 다시 꿰맸다. 버선 속 독립선언서가 양양 만세운동의 불을 지피는 불씨가 될 것이라는 믿음에 조화벽은 가슴이 벅차올랐다.

조화벽과 김정숙은 창밖을 응시한 채 되도록 말을 아끼고 있었다. 기차는 경원선 구간 중에서 이국적인 풍경이 특별하게 펼쳐지는 곳을 지나고 있었다. 전곡에서 검불랑(劍佛浪)을 거쳐 세포(洗

浦)에 이르기까지 장장 이백 리에 이르는 대고원은 몽골을 연상시키는 일망무제(一望無際) 넓디넓은 평원이었다. 조화벽은 이 구간을 지날 때면 나라 잃은 백성의 설움도, 이 땅에서 여자로 살아가는 답답함도 다 날려버리곤 했다. 모든 굴레에서 벗어나 끝도 없이 이어지는 대초원을 말을 타고 거침없이 달리고 싶었다.

원산역에 내리자 헌병들이 날카로운 눈으로 조화벽 일행을 아래위로 훑었다. 뱀이 전신을 휘감는 것같이 소름이 끼쳤다. 원산역을 무사히 벗어난 조화벽 일행은 바로 원산항으로 갔다. 항구에서도 찌를 듯 날카로운 순사의 시선에서 자유롭지 못했다. 조화벽은 혹여 검문에 걸리지 않을까 가슴이 조마조마했다. 독립선언서를 몰래 감춘 채 고향으로 간다는 건 일제의 입장에선 만세운동을 확산시킬 의도가 분명한 행위였다. 독립선언서를 들킨다면 어떤 고초를 당할지 불을 보듯 뻔했다. 서울 만세 시위에 참여한 여학생들처럼 머리채를 잡힌 채 끌려갈 것이며 뺨을 맞고 옷이 찢기고 매질을 당하는 건 물론이요, 여자로서 기독교인으로서 온갖 모욕과 치욕을 견뎌야 할 것이었다. 독립선언서를 지니고 있다는 것은 생명의 위협도 감수해야 하는 위험천만한 일이었다.

드디어 양양 대포항으로 떠나는 배에 올랐다. 배를 따라오며 우는 갈매기 소리에도 조화벽은 가슴이 두근거렸다. 이미 서울과 개성의 만세 시위 소식은 빠르게 각 지방으로 퍼져나가고 있었다.

경찰은 검문선을 치고 배에서 내리는 승객의 소지품을 일일이 수색했다. 조금이라도 의심스러운 사람은 경찰서로 데려가 심문했다. 특히 조화벽처럼 외지에서 온 학생은 더욱 엄중한 단속 대상이었다. 조화벽과 김정숙은 경찰서에 끌려가 소지품 검사와 함께 심문을 받았다. 만세운동 참여 여부를 집중적으로 조사했다. 곧 졸업을 앞두고 있어 참여하지 않았다고 시치미를 뗐다. 경찰은 입고 있는 옷이며 가지고 온 짐을 샅샅이 뒤졌다. 마침내 경찰의 손이 조화벽의 버선을 잡았을 때는 숨이 턱 막혔다. 다행히 한 쪽 손은 책장을 넘기고 있었다. 독립선언서가 숨겨진 버선은 그렇게 무사히 넘어갔다.

한숨을 돌린 조화벽과 김정숙은 가슴을 쓸어내리며 양양으로 향했다. 대포에서 양양으로 가는 길은 동해 바다를 끼고 20리 길을 걸어가야 했다. 갑작스러운 귀향이라 마중 나오는 사람도 없었다. 가방은 점점 무거워졌고, 솜저고리와 통치마와 속곳을 파고드는 바닷바람은 점점 세졌지만, 조화벽은 걸음을 재촉했다. 물치를 지나 달이 내려앉는다는 포구 갯다리를 지날 때는 바닷바람에 빰이 찢어지는 듯했다.

겨울에서 봄까지 부는 양강바람(양강지풍: 양양과 강릉의 강한 바람)은 혹독했다. 특히 3월에 바다에서 불어오는 샛바람은 마치 채찍으로 내리치는 것 같았다. 바다를 벗어나 청곡리로 접어들어 연창을 지날 때도 바람은 좀처럼 잦아들지 않았다. 조화벽과 김정숙은 부둥켜안듯 서로를 의지하며 바람을 헤쳐 나갔다. 바람은 매서웠지만 독립선언서를 품은 조화벽의 가슴은 뜨거웠다.

집에 돌아온 조화벽은 양양교회 장로인 아버지와 전도부인인 어머니에게 개성 만세운동 소식을 알렸다. 우리도 이렇게 두 손 놓고 있을 수는 없다며 버선에 숨겨온 독립선언서를 펼쳤다. 독립선언서를 찬찬히 읽어 내려가던 조영순 장로가 깊은 한숨을 내쉬었다. 조화벽은 부모의 표정을 살피면서, 감시의 눈을 피해 교회 차원에서 만세운동이 진행되었으면 좋겠다는 뜻을 비쳤다. 깊은 생각에 잠겨 있던 조영순 장로가 고개를 끄덕였고, 무릎에 손을 얹고 있던 어머니는 두 손을 가슴에 모았다.

조화벽은 책상 서랍 속 깊숙이 독립선언서를 넣어두고 잠을 청했지만 잠을 이룰 수 없었다. 해가 뜨기 훨씬 전, 조화벽은 새벽기도를 가는 사람처럼 성내리교회를 찾아가 김영학(金永鶴) 목사에게 의논을 청했다. 서울과 개성의 만세 소식을 이미 알고 있던 김영학 목사는 독립선언서를 읽은 후 묵직한 어조로 우선 조화벽을 치하하고 격려했다. 김영학 목사는 교회 내에서 진행하다 발각될 염려가 있으니 교회 청년부 중심으로 지하에서 운동을 계획하는 게 좋겠다는 결론을 내렸다.

양양보통학교를 졸업하고 양양면사무소 급사로 일하는 교회 청년부 김필선(金弼善)에게 독립선언서 등사를 맡기기로 했다. 봉건성이 아직 강하게 남아있던 양양에서 여자가 직접 전면에 나설 수는 없었다. 더구나 호수돈여학교 학생 조화벽은 요주의 인물로 감시 대상이었다. 심지가 굳고 영민한 청년 김필선은 평소 눈여겨보던 믿음직한 후배였다. 조화벽은 교회 기도실에서 김필선에게 독립선언서를 건네줬다. 독립선언서를 읽어 내려가던 김필선의 얼굴이 붉게 상기되어 갔다. 검은 눈동자에 번쩍 빛이 들어왔다. 독립선언서가 김필선을 거쳐 연쇄 반응을 일으키게 될 것을 예고하는 순간이었다.

당시 양양에는 1901년에 세워진 성내리교회 뒤를 이어 1908년에 남대천 하구 근처 조산리교회와 1910년에 강현면 물치리 물치교회, 현북면 상광정리 광정교회가 세워졌다. 이 시기는 러일 전쟁 후 러시아가 조선에서 손을 떼고 어느 나라도 일본의 침략을 말릴 수 없게 되자 국민들이 극도로 불안에 빠져 있던 때였다. 어디에도 의지할 곳이 없었던 백성은 자신의 안전과 평안을 찾아 서양 기독교의 문을 두드렸다. 그리고 원산에서 시작해 전국으로 확산된 대부흥운동이 젊은이를 목회의 길로 이끌었다.

많은 한국인 목회자가 이 과정에서 기독교인의 정신적 지도자로 성장했다. 신앙과 민족적 양심의 일치를 위해 노력했던 그들은 외국인 선교사보다 민족 문제에 관심이 많았다. 이 점이 교회 성장에 기여했으며 기독교가 3·1운동의 중요한 축을 담당하게 된 배경이었다. 또한 이 기간에 이룩한 기독교인의 수적 팽창은 운동 역량을 키우는 데 중요한 역할을 했다.

크게 확산된 기독교는 식민 치하라는 가혹한 현실에 절망하거나 포기하지 않고 '믿음, 소망, 사랑'이라는 기독교적 가치를 실현하면서 3·1 운동과 같은 새로운 변혁을 추구했다. 또 일본인과 친일 세력으로 이루어진 자위단과 대립하던 항일 세력이 교회를 도피처로 삼으면서 기독교는 일반인에게 항일 운동의 구심점으로 인식되었다.

양양 교회들은 1910년 남감리교 교세 확장에 따라 원산동 지방회 산하 양양구역이 되었다. 구역장이 양양 지역 교회를 순회하면서 관리했다. 양양 지역 교회의 지도자는 간성 구역장이자 양양교회를 담임한 김영학 목사였다. 일제 강점기 항일 운동의 중심지였던 정동교회에 손정도(孫貞道) 목사와 이필주(李弼柱) 목사가 있었다면 양양에는 양양교회 김영학 목사가 독립운동의 중심에 있었다. 그들이 살아온 삶의 궤적은 닮은 점이 많다. 그건 양식 있고 민족의식이 강한 종교 지도자가 선택한 길이 대개 비슷한 까닭이다.

1914년부터 1918년 5월까지 정동교회 담임 목사로 봉사한 손정도 목사는 행동하는 신앙인이었다. 1919년 1월 비밀리에 의친왕 이강(李堈)과 하란사(河蘭史)를 파리평화회의에 참석시키고자

한 광무황제의 뜻에 따라 손정도 목사는 그 준비를 위해 상해로 망명했다. 3·1운동 후 수립된 상해 대한민국 임시의정원 의장으로 선출되었던 그는 상해, 길림, 봉천, 북경 등 중국 각지를 떠돌며 노선이나 이념을 떠나 독립 운동에 헌신하였고, 1931년 망명지에서 생애를 마쳤다.

손정도 목사 후임으로 이필주 목사가 정동교회 담임 목사로 왔다. 3·1운동 때 감리교 대표로 독립선언서에 서명한 그는 구한말 군인 출신이다. 의병과 동학 농민군의 진압군으로서 동족을 향해 총부리를 겨누어야 하는 현실을 괴로워하다 34세에 상동교회 교인이 됐다. "먼저 그의 나라와 의를 구하라"는 성경 구절을 읽고 군복을 벗었다. 정식 전도사를 거쳐 협성신학교를 졸업하고 목사 안수를 받았다. 그는 양심과 신념에 충실한 삶을 근간으로 정동교회가 기독교적 민족주의 맥을 이어가도록 했다. 정동교회 주일학교 학생이었던 유관순의 민족의식 배양에 손정도 목사와 이필주 목사는 매우 큰 영향을 끼쳤다. 3·1운동 때 정동교회 목사 사무실은 독립운동 준비의 중심이기도 했다.

양양 지역 김영학 목사도 이필주 목사와 비슷한 시기에 교인이 됐다. 협성신학교를 거쳐 목사 안수를 받은 점도 같다. 3·1운동 때 기독교 세력 선봉에 섰으며 그 후 독립운동가의 길을 걸었고 건국포장이 추서된 것도 비슷하다. 그는 황해도 금천 만석꾼 양반 가문 출신이다. 강화도 조약 1년 후 1877년에 태어난 그는 16세까지 향리에서 한학을 공부했다.

명성황후가 시해되고 국운이 급격히 스러져 가던 때 17세 김영학은 신학문을 공부하기 시작했다. 세상 물정에 눈을 뜨게 되면서 나라가 처한 현실 상황에 관심을 가지게 됐다. 봉건 사회는 급격히 허물어지고 나라는 중심을 못 잡고 외세에 휘둘렸다. 망국은 피할 수 없는 운명 같았다. 그럼에도 향리 청소년들에게 애국정신을 불어넣으려 애를 썼지만, 점점 더 일본 제국주의 식민지로 전락해 가는 상황 앞에서 청년 김영학은 속수무책일 수밖에 없었다.

무너져 가는 나라를 구하는 데 아무 힘이 될 수 없는 개인의 한계를 절감하며 자포자기 상태에 빠졌던 김영학은 대부흥운동 기간에 기독교를 접했다. 그는 깜깜한 밤바다에서 빛나는 등대를 발견한 것 같았다. 앞이 보이지 않는 절망 속에서 서양 종교인 기독교를 통해 새로운 희망을 본 그는 목회자의 길을 가고자 했다. 그런데 그의 신앙 안에는 나라의 독립을 위한 애국심이 더 크게 불타고 있었다.

김영학 목사는 1917년 서울 광희문교회, 수표교회 목사로 있다가 양양으로 왔다. 구역장으로 양양 지역 교회를 순회하며 강연과 설교를 했다. 젊은이들을 상대로 한 강연은 애국심과 독립 의지를 북돋우는 내용으로 지역 사회 청년들에게 많은 영향을 주었다. 양양 만세운동 당시 김필선을 비롯한 양양교회에 다니던 현산학교 출신 청년들이 주동이 됐던 건 현산학교 설립자 남궁억 선생과 김영학 목사가 강조한 투철한 독립 정신과 애국 사상 덕분이었다.

양양 지역에는 신문화 교육을 받은 많은 젊은이가 교회에 모였다. 신앙과 민족주의적 애국 사상은 김영학 목사에 의해 결합되어 교인들에게 전해졌다. 양양면, 강현면, 현북면 만세운동은 김영학 목사가 순회하며 목회하던 양양교회, 물치교회, 상광정교회가 주도적으로 참여했다.

김영학 목사는 양양 만세운동을 주도하다 시위 첫째 날 일경에 잡혔다. 6개월 형을 선고 받고 서대문형무소에서 옥고를 치렀다. 대부분의 운동가가 그랬듯이 그는 감옥살이로 투쟁 의지가 더 활활 타올랐다. 석방된 지 얼마 되지 않아 철원에서 애국단 철원군단을 조직했던 건 3·1운동의 동력을 계속 이어가기 위해서였다. 그는 3·1운동으로 한껏 애국심이 고조된 청년들을 모집했다. 독립운동에 일생을 바치려는 젊은이들을 상해 임시 정부로 보내기 위해서였다. 한편으로 구국 활동을 위한 자금 조달에 진력하던 김영학 목사는 1920년 다시 체포됐다. 경성 지방법원에서 정치범죄처벌령 · 보안법 및 출판법 위반 등의 죄목으로 징역 1년 6개월을 언도받고 옥고를 치러야 했다.

3·1만세운동 후 일제에 신분이 노출된 독립운동가들은 국내 활동에 많은 제약을 받았다. 양양 만세운동과 철원 애국단 사건

으로 두 번이나 투옥되었던 김영학 목사는 감옥 생활로 독립 의지가 더 굳어졌지만 활동의 제약 또한 컸다. 그 무렵 많은 독립운동가들이 국외로 떠났다. 상해 쪽은 독립운동 전초 기지로 많은 사람들이 몰렸다. 아직 사회주의 혁명이 완벽하게 이루어지지 않은 시베리아로 떠난 사람도 있었다.

김영학 목사는 상해보다 환경이 열악한 시베리아 지역 선교사를 찾고 있다는 남감리교 본부의 소식을 접하게 된다. 선교를 위한 일이라지만 이미 소비에트의 영향력 아래 놓인 동토 시베리아로 가려는 목회자는 거의 없었다. 김영학 목사는 아무도 가지 않는다면 나라도 가서 나라 잃은 백성에게 그리스도의 복음과 하나님의 위로를 전하겠다며 자원했다. 잦은 감옥살이로 건강이 좋지 않았는데도 불구하고 시베리아 행을 택한 것이었다. 당시 시베리아 선교처에 파송된 교역자들 대부분이 민족 운동가 출신이었는데, 그들이 선교와 독립운동을 동일시했다는 것을 알 수 있는 대목이다. 어디에 기댈 곳 없는 시베리아 이주 한인의 고통과 슬픔을 위무하고 영적 위로를 주는 게 시베리아 선교의 목적이기도 했다.

1922년 김영학 목사는 러시아 해삼위(海參威, 블라디보스토크)의 한인 집단 거주지인 신한촌(新韓村) 선교사를 자원하였다. 그는 전도사업과 순회강연으로 동포들의 애국 사상을 고취시키는 한편, 독립투사들과의 연락을 꾀하며 독립운동도 함께 전개했다. 하지만 블라디보스토크에서 마지막 일본 군대가 철수하면서 시베리아 분쟁이 종결되고, 공산당이 시베리아를 완전히 장악하게 되면서 상황은 급변했다.

소비에트 극동혁명위원회는 '종교는 대중의 아편'이라며 기독교를 박해하기 시작했다. 급기야 교회의 재산을 '기아에 대한 제물'로 본 공산당은 예배당을 비롯한 교회 재산을 몰수했다. 선교사가 세운 한인 학교도 폐쇄됐다. 한인 사회는 소비에트 정권의 탄압 정책과 한인 사회의 내부 갈등 그리고 거듭되는 흉년과 강도로 무너져 가고 있었다. 선교 사업의 발판이 붕괴되고 있었다.

남감리교 선교부는 시베리아와 만주에서의 사업을 중단하기로 결의하고 선교사들을 모두 철수시켰다. 그러나 김영학 목사는 시베리아를 탈출하는 대열에 합류하지 않았다. 이미 그곳에 뿌리를 내린 교인들과 애국 동지들을 버리고 갈 수 없었다. 그는 귀국을 거부하고 공산당과 맞서며 선교 현장을 끝까지 지키기로 했다.

"교제도 본국으로 돌아갈 생각이 없지 아니하나 나의 본 양심을 가지고는 차마 떠날 수가 없습니다. 날마다 곤란한 일이 많사오나 이곳 교인들과 같이 당하기로 생각합니다." 먼저 탈출한 동료 양주삼 목사에게 김영학 목사가 쓴 편지다.

1930년 1월 초, 소련 경찰이 앞을 볼 수 없는 눈보라와 함께 들이닥쳤다. 식구들을 먼저 내려 보내고 혼자 교회를 지키고 있던 김영학 목사는 악질적 반동분자라는 죄목으로 체포됐다. 그는 블라디보스토크 감옥에 구금되어 1년 동안 공갈과 협박, 회유로 배교와 공산당에 협력할 것을 강요받았지만 끝까지 신앙을 버리지 않았다. 결국 10년의 시베리아 중노동형을 선고받았다. 시베리아에서 가장 추운 북쪽 지방인 유동 감옥은 겨울이면 영하 50도까지 기온이 내려갔다. 그는 그런 혹독한 환경에서 중노동에 시달리며 고문 같은 수감 생활을 했다. 그러다 노동 현장에서 무너져 내린 눈에 파묻혀 죽음을 맞이했다. 유동 감옥에서 마지막으로 아내에게 보낸 편지 마지막 구절은 이렇다.

"사랑하는 원정(아내)과 아손(兒孫, 자식)들 보고 싶은 사정이 어찌 그리 애달픈지요."

눈보라 몰아치는 시베리아 감옥에서 아내와 자식을 그리워하는 김영학 목사의 목소리가 절절하다. 만약 김영학 목사가 살아 있었다면, 일제 말 기독교 지도자들이 친일의 길로 나갈 때 결코 민족을 저버리지 않았을 것이다.

양양 만세운동은 크게 두 갈래로 계획되었다. 김영학 목사 목회지인 양양교회를 중심으로 한 기독교 세력이 한 축이라면 유림 세력이 다른 한 축이었다. 양양은 불편한 교통 사정으로 중앙에서 고립된 지역이었지만 수량이 풍부하고 농토도 넓어 대대로 몇몇 가문이 집성촌을 형성하고 영향력을 행사하고 있었다. 양양면 임천리 함평 이씨, 양양면 조산리 강릉 최씨, 손양면 수여리 전주 이씨, 현남면 한양 조씨가 대표적 가문이었다.

이들 중 함평 이씨 이석범(李錫範)이 유림 세력 대표로 3·1운동에 주도적 역할을 했다. 전주 이씨 문중의 정신적 지주 이종국(李鍾國)은 뒤에서 조력자로 운동을 지원했다. 다른 문중도 문중 차원에서 3·1운동에 적극 참여했다. 이석범은 동학 농민운동이 전국적으로 확산되자 유림들을 규합하여 갑오의려(甲午義旅)를 조직해 동학군 진압에 공을 세운 인물이다. 갑오의려는 신분제 철폐 등 성리학적 지배 질서에 반기를 든 동학을 폭도로 보고 양반 유림이 자신의 기득권을 지키고자 조직한 자위 수단이었다.

이석범은 처음에는 봉건주의 체제를 옹호하는 왕권 수호자였다. 동학군 진압에 큰 공을 세운 그는 군부 주사를 거쳐 중추원 의관으로 봉직했다. 일제 침략이 노골화되고 결국 국권을 잃자 낙향하였고, 3·1운동을 계기로 항일의 길을 걷게 됐다. 그는 1927년 신간회 양양지회가 조직되었을 때 지회장을 맡는 등 3·1운동 이후에도 지역 사회에 상당한 영향력을 행사한 명망가로 활발한 활동을 했다.

1919년 1월 21일 광무황제 고종이 승하했다. 나라는 없어졌으나 임금은 있으니 언젠가 나라를 되찾으리라 기다리던 백성은 광무황제의 죽음에 절망했다. 사망 원인은 뇌일혈이라고 발표했지만 아무도 믿지 않았다. 일제의 독살설이 널리 퍼졌다. 고종의 죽음을 애도하는 곡소리가 전국에 밤낮으로 끊이지 않았다. 곡소리에는 나라 잃은 백성의 원통함과 슬픔도 함께 섞여있었다. 양양도 추모 정서에서 예외가 아니었다.

이석범은 3월 3일로 예정된 황제 국장 참관을 위해 양양 유림 10여 명과 경원선을 타고 서울로 향했다. 경향 각지에서 장례에 참석하기 위해 올라온 백성들로 정거장은 미어터질 지경이었다. 여관은 물론 여염집도 시골에서 올라온 친지들로 꽉 찰 정도였다. 시내 대소 도로 노면에서 노숙하는 이도 적지 않았다. 국장 날 남자는 백립(白笠, 흰 베로 만든 갓)을 쓰고, 여자는 소복(素服, 상복으로 입는 흰 옷)을 입었다. 거리는 슬픔과 울분을 표출하는 백색 물결로 가득 찼다. 440명 장정이 운구에 참여했다. 장의 행렬은 10리 가까이 이어졌다.

3월 1일 오전, "고종은 '한국은 일본의 지배를 받아들일 수 없다'는 내용의 밀서를 파리강화회의에 전하려 했다. 이 사실을 알아낸 일본이 고종을 독살했다"는 전단이 이미 온 거리에 뿌려진 상태였다. 비통한 심정으로 장례에 참석한 이석범은 곧장 양양으로 내려올 수 없었다. 일제의 만행을 규탄하는 만세운동 기운이 거리를 가득 메웠기 때문이다. 그들 일행은 학생들로 시작해 전 시민으로 확산되는 만세 시위와 일제의 무자비한 진압 장면을 똑똑히 보았다.

유림은 3·1운동 계획 단계에서 제외되었다. 민족대표 33인 중 유림 대표는 없었다. 유림 중 많은 이들은 민족대표 명단에 유학자가 빠진 걸 부끄러워했다. 유학을 나라를 망친 주범으로 본 개화파 지식인들과 종교 세력은 한일 병탄 때 광화문에서 통곡하던 유림을 조롱하기도 했었다. 그 누구보다 나라의 앞날을 걱정했고, 의병의 선두에 섰던 유림이었다. 유림은 조선의 주도 세력으로서 나라를 뺏긴 데 대한 통렬한 반성을 거쳐 이후 3·1운동에 적극 나서게 된다. 일제에 항거할 방법을 찾고 있던 이석범은 서울 만세운동에 크게 자극을 받았다.

반상과 노소, 남여 구별이 확실했던 유학자는 신분이나 성별 구분 없이 거리를 가득 메운 만세 행렬에 충격을 받았다. 그는 그 물결에서 그동안 인지하지 못했던 '우리는 다 같은 조선인'이라는 민족적 일체감을 느꼈다. 고향에서 자신이 할 일은 조선 독립을 위해 만세운동을 전개하는 일이라는 걸 깨달았다. 거리에서 시위 청년에게 받은 독립선언서를 고이 접어 허리춤에 넣고 양양으로 돌아오면서 그는 만세운동을 계획했다.

6. 양양, 만세를 부르다

그날이 오면, 그날이 오면은

삼각산(三角山)이 일어나 더덩실 춤이라도 추고

한강물이 뒤집혀 용솟음칠 그날이

이 목숨 끊기기 전에 와 주기만 할 양이면,

나는 밤하늘에 나는 까마귀와 같이

종로(鍾路)의 인경(人磬)을 머리로 들이받아 울리오리다

두개골은 깨어져 산산조각이 나도

기뻐서 죽사오매 오히려 무슨 한이 남으오리까

— 심훈(1901~1936), 「그날이 오면」 중에서

이석범은 국장 참례를 마치고 양양으로 돌아와 계획했던 만세 운동을 준비했다. 우선 아들 능열을 앞세워 자신이 세운 유교 교육기관인 쌍천학교 졸업생을 중심으로 자신이 겪은 서울의 3·1 운동을 알렸다. '만세 부르는 것만으로 과연 압제의 사슬을 끊을 수 있을까' 반신반의하기도 했지만 그래도 해보아야 한다며 중지를 모으기로 했다.

시위 준비는 조직적으로 빠르게 이루어졌다. 각 동리마다 동원 책임자가 정해졌다. 주로 이장이나 구장들이 주민 동원을 책임지기로 했다. 우선 흰 천에 그린 태극기를 선봉에서 흔들기로 했다.

1914년 3월부터 조선총독부는 전면적으로 지방의 행정 구역을 개편했다. 이는 향촌 사회의 자치적 요소를 해체, 마비시키고 관이 주도하는 일원적 지배 질서를 강제하기 위함이었다. 일본은 조선의 지방 제도를 조사하면서 서양의 지방 제도와 비슷한 향촌 사회가 존재한다는 사실에 놀랐다. 1910년 이전 조선은 군·면·동·리 단위마다 군회 · 면회 · 동회 · 리회가 있어 주민 자치가 활발하게 이루어지고 있었다. 일본은 조선의 주민 자치적인 공동체의 결속력을 해체하지 않으면 일제 지배에 저항하는 중요한 요소로 작용할 것을 우려했다.

일제는 자치적인 지역 단위로 존재해 온 동과 리를 통폐합함으로써 전통적인 지방 사회의 바닥을 흔들어 놓았다. 전국의 군·면에서 동·리 간 대폭적인 이합집산이 이루어졌다. 동네 이름도 아름다운 우리 고유의 말로 된 이름 대신 일본인들이 관리하기 편한 한자식 이름으로 바뀌었다.

양양도 마찬가지였다. '물웃구미'는 수상리(水上里)로, '웃드루'는 상평리(上平里)로, 남대천 물굽이가 휘어 닿아 물이 모자라는 때가 없다는 의미의 '무너미'라는 이름은 수여리(水餘里)로 바뀌었다. 동쪽 호수의 빛이 구릿빛 같아 '구리개'라 불리던 곳은 동호리(銅湖里)로 바뀌었다. 화일리(禾日里)는 설악산 중턱에 살던 도문리 사람들이 양양 면내에 갈 때 쉬었다 가는 곳이라 하여 '쉬일'이라 불리던 곳이었다. 서선리(西仙里)는 산골 다랑논에 물을 대는 통나무 괘가 많았다고 하여 '괘메기'라 불리던 곳이었다.

동리 통폐합은 조선총독부가 들어서기 이전 통감부 시기부터 이미 주도면밀하게 준비했던 사업이었다. 다만 양양군은 전국적으로 드문 경우로, 비록 동네 이름은 바뀌었지만 동리 통폐합은 거의 이루어지지 않았다. 설악산과 동해안 사이에 위치한 지역적 특성으로 통폐합할 필요성이 없어서였다. 거기다 대규모 농업 침탈에 적합한 고장이 아니었기에 일본인 거주도 양양 인구의 2% 미만이었다. 그 결과 양양 지역은 향촌 사회 유대 관계가 깨지지 않을 수 있었으며, 개편된 '면 단위제'로 일제와 가까웠던 다른 지역 면장과 달리 양양의 동·리 구장은 주민과 밀착되어 있었다. 양양군내 강현면, 도천면, 손양면 등의 만세운동이 동·리 구장의 주도로 조직적인 주민 동원이 이루어지고 10리, 20리를 걸어가며 만세 시위를 하는 원정 만세운동이 일어날 수 있었던 데는 그런 배경이 있었다. 양양 면내 시위가 하루에 그치지 않고 엿새에 걸쳐 계속 일어난 것은 전국에서도 유례를 찾아볼 수 없는 특이한 양상이었다. 이러한 만세 시위 추진력은 양양 지역민의 민족의식과 더불어 전통적 향촌 공동체 결속력에 힘입은 바가 컸다.

양양에서 4월 4일부터 9일까지 지속된 만세 시위는 독특하게 조직되었고 지속적이며 공세적인 시위운동이었다. 3·1운동은 서울에서 시작되었지만 4월말 이후 지방민들에 의해 지속되었다. 도시에서 촉발해 농촌으로 번져간 만세 시위는 조선인에게 새로운 경험이었다. 동학 농민운동은 농촌이 배경이었고, 만민공동회는 서울 거리를 벗어나지 못했다. 3·1운동은 도시민이 시작해 농민이 적극 호응하면서 전국적 항쟁으로 발전했다.

농촌 시위는 도시보다 대략 한 달 늦게 전개되었다. 서울 등 대도시에서 만세운동에 참여한 학생이나 지식인, 고종 인산(因山, 황제의 장례)을 보기 위해 상경했던 사람들이 고향으로 내려간 후 독립 의지가 성숙되고 중지를 모으고 시위를 준비하는 일련의 과정이 필요했기 때문이었다. 농촌 지역은 주로 사람이 많이 모이는 장날을 이용했다.

3·1운동은 본래 비무장, 비폭력, 평화적 만세 시위를 내세웠다.

민족대표들이 높은 수준의 비폭력 운동을 제창한 데는 이유가 있었다. 폭력이 자칫 운동 취지를 훼손시키고 탄압의 빌미를 제공할지도 모른다는 우려가 제일 컸다. 빌미를 만들어 침략하고, 탄압하는 것이야말로 일제의 전형적 방식이기 때문이었다. 또한 운동이 좀 더 차원 높은 이상과 원칙에 따라야만 광범위한 대중의 참여를 기대할 수 있다고 판단한 까닭도 있었다.

3·1운동의 비폭력 방침은 수많은 대중의 참여를 가능케 함으로써 운동이 전국적으로 퍼져나가는 데 기여했다. 하지만 민족대표들이 스스로 체포됨으로써 전국적 운동에 대한 통일적 지도를 할 수 없었고, 따라서 전국적 지도부가 없었던 3·1운동은 지역별로 상이한 양상으로 전개될 수밖에 없었다. 천안은 천안대로 양양은 양양 방식으로…….

3·1운동의 진정한 주역은 민족대표 33인이 아니라 어쩌면 독립선언서를 몰래 나르고, 주민을 동원하고, 현장 지도자로 뛴 조화벽과 유관순, 이석범과 김영학 목사 같은 기록에 있는 이름 외에 수많은 무명씨였다고 할 수 있다.

3·1운동이 일제의 과잉 진압으로 폭력적으로 변하기 전까지는 태극기를 흔들며 '대한 독립 만세'를 외치는 평화 시위였다. 농촌에서 만세운동을 추진했던 유지들이 힘닿는 대로 돈이나 만세운동에 필요한 물품을 내놓았다. 거사 당일에 모인 사람들에게

장국밥과 술대접을 논의할 정도로 일종의 축제 형식을 띠기도 했다. 농촌에서의 시위가 점차 폭력 투쟁으로 변화되었던 것은 총칼을 앞세운 무자비한 진압에 대한 저항이었다.

일사불란하게 투쟁을 지도할 지도부가 없었음에도 시위가 전국으로 퍼져나가고, 거의 일상이 되었던 것은 조선 사람이면 누구든 시위를 조직하였고 누가 시키지 않아도 스스로 만세를 불렀기 때문이었다. 3·1 운동의 전국화, 일상화는 농촌에서 다양한 계층이 참여했기에 가능했다. 시위에 참가한 대중의 폭은 광범위했다. 걸음을 걸을 수 있는 어린아이부터 등이 굽은 노인까지 태극기를 들고 만세를 부를 정도였다. 일제치하에서 도저히 못 살겠다는 민중의 자발성은 그야말로 폭발적이었다.

3·1 운동의 시작은 천도교와 기독교였지만, 전국적 확산과 장기화에는 유림의 영향이 컸다. 양양은 유림 세력이 조직한 시위에 동족 부락 일족이 대거 참여하기도 했다. 마을을 관리하고 마을 여론을 조정하는 역할을 했던 이장도 사람들을 동원하고 만세를 위한 사전 연락을 취하고 격문을 붙이는 등 중요한 구실을 했다. 친일파로 지탄받던 지방 관리 중에도 시위에 동참하는 이가 있었으며 면장이 주도한 경우도 있었다. 특히 양양은 유생, 관리, 이장 등의 구세력과 학생, 기독교 청년으로 이루어진 신세력이 연합한 범민족적, 범계급적 성격의 만세운동이었다.

교회 쪽에서도 시위 준비가 착착 진행되고 있었다. 조화벽이 버선에 숨겨온 독립선언서는 청년들의 의식을 다시 한 번 각성시켰다. 그들은 김영학 목사에 의해 일찍이 민족혼이 깨어난 청년이었다. 식민지를 벗어날 수 있다면 무엇이든지 하고 싶었고, 독립을 위해서라면 목숨을 바쳐도 아깝지 않다고 생각한 젊은이였다.

조화벽에게 독립선언서를 전해 받은 김필선은 교회 청년을 모았다. 모두 십 대 후반이었다. 김필선은 청년들 앞에서 작지만 단호한 목소리로 독립선언서를 읽어 내려갔다. 젊은 그들은 주먹을 불끈 쥐었다. 눈이 붉어졌다. 당장 총칼로 대항할 수는 없지만 만세를 불러 나라를 찾을 수 있다면 목에서 피가 나도록 부를 수 있었다.

시위를 위해서는 우선 시위 물품이 필요했다. 김재구(金在龜)가 어디선가 광목과 백지를 구해 왔다. 양양면사무소 급사로 있는 김필선이 면사무소 등사기를 사용해 몰래 '대한국 독립 만세' '양양군'이라는 글자를 등사했다. 교회도 감시 대상이라 태극기를 만들 장소를 물색하기가 쉽지 않았다. 개성 만세운동 참여를 의심받고 있던 조화벽은 운신이 자유롭지 못했다. 그래도 감시의 눈을 피해 몰래 그들을 도울 방법을 찾았다.

부엉이가 울었다. 울음소리가 괴괴했다. 달빛이 희뿌윰하게 숲으로 내려앉았다. 성내리교회 뒷산은 낮에도 사람들이 다니기 꺼리는 길이었다. 상여를 보관하는 곳집(상엿집)이 있어서였다. 조화벽과 교회 청년들이 곳집에서 만나기로 한 건 가장 안전한 장소이기 때문이었다. 공포심은 뒷전이었다. 어둠을 뚫고 하나둘 청년들이 모여들었다. 누구는 종이 뭉치를, 누구는 붓을, 먹을 품에서 꺼냈다.

다들 한 번도 태극기를 그려본 적이 없었다. 개성 만세운동 때 태극기를 그렸던 조화벽이 먼저 시범을 보였다. 등불도 없는 곳집에서 젊은이들은 희미한 달빛에 의지해 더듬더듬 태극기를 그려나갔다. 수풀 속에 자리한 곳집은 사람들이 모여 일을 하기에는 더없이 옹색한 공간이었다. 가래질하는 계절, 논에 들어가면 발이 꽁꽁 얼어버리는 사월 초순의 밤바람은 찼다. 다들 곱은 손을 비비고 불어가며 태극기를 그렸고, 얼추 태극기 구색만이라도 갖출 수 있었다.

유림 쪽에서 점차 계획이 구체화되고 확대될 무렵 김필선을 비롯한 양양교회 청년들이 최인식(崔寅植)을 찾아갔다. 지역 사회에서 발이 넓었던 최인식은 유림 쪽과 연계해 만세운동 계획을 양양 지역 전체로 확대시키려던 참이었다. 청년들은 최인식에게 교회에서 계획한 만세운동에 동참해 줄 것을 권유했다.

그들은 자신들의 준비 상황을 보여주기 위해 직접 만든 태극기와 조화벽에게 건네받아 등사한 독립선언서를 내놓았다. 젊은이들의 눈빛은 믿음직했다. 최인식은 보수와 진보, 두 갈래로 나뉘어 진행되던 만세운동 계획을 하나로 연합시키는 데 힘을 보탰다.

4월 3일을 기해 이전까지 대립적 관계였던 보수 세력 유림과 신문화 세력인 양양보통학교 동문들로 이루어진 기독교계가 하나로 뭉쳤다. 사상과 이해관계를 뒤로하고 조국 독립이라는 목표를 향해 함께 만세운동을 추진하기로 했다.

강원도에서 가장 오랜 기간 동안 치열하게 일어난 양양 만세운동은 보수적 기반의 지역 사회 동원력과 근대적 개명 의식으로 무장한 신교육을 받은 청년 세대가 연결되면서 상승 작용을 일으켰다. 조직적으로 시위를 준비한 양양 만세 시위는 다른 만세운동과 양상이 달랐다. 단순히 장날에 모인 군중 속으로 들어가 독립 만세를 선창함으로써 장꾼의 만세를 유도하여 일어난 즉흥적이고 돌발적인 시위와 비교했을 때 그 내용과 강도가 달랐다.

유림과 기독교도로 이루어진 지도부는 4월 4일 양양 장날을 앞두고 마지막 준비에 여념이 없었다. 전열을 가다듬고 있던 폭풍 전야. 임천리 쪽에서 계획이 발각되었다. 시위를 준비하던 22명이 연행되고 아직 제작 중인 '독립 만세'라고 쓴 깃발 374매가 압수당하는 일이 벌어졌다. 이건충(李建忠) 집에서 태극기를 만들던 사람들과 총지휘자 이석범을 비롯한 주모자가 체포됐다. 최인식을 비롯한 김필선과 청년들은 작업하던 것을 챙겨 황급히 몸을 피했다. 임천리에서 10리나 떨어진 거마리 외딴 집으로 피신한 그들은 밤을 새워 태극기를 만들었다. 시위 계획을 눈치챈 경찰은 다음 날 열리는 양양 오일장을 열지 못하도록 막았지만 시위를 포기하는 사람은 없었다.

4월 4일 아침이 밝았다. 전날까지 드세게 불던 샛바람도 잔잔해졌다. 전날 지도부가 체포됐지만 계획에는 큰 차질이 없었다. 각 마을별로, 교회별로 책임자를 두고 준비를 진행하고 있었기 때문이었다. 대개 마을 주민 동원은 천도교 구장이 책임졌고, 교회 교인들은 주로 연락책을 맡았다. 장날 시위를 추진하는 데는 아무런 문제가 없었다.

경찰이 비록 전날 장을 열지 못하게 고지했지만 날이 밝으면서 양양면으로 들어오는 다섯 개 통로를 따라 인근 각지에서 만세 군중과 장꾼들이 물밀듯이 모여들었다. 임천리에서 체포 위기를 모면하고 탈출하여 거마리에서 밤을 지샌 청년들은 4일 이른 아침 양양으로 출발했다. 옥양목에 그린 대형 태극기가 대열에 앞장섰다. 구호를 외치며 도중에 만나는 주민들에게는 만세 시위에 동참할 것을 권했고, 누구도 마다하지 않았다. 조화벽의 지도로 만든 종이 태극기들도 배포했다. 합세한 주민들은 함께 태극기를 흔들며 양양 면내 장터로 행진했다.

양양 서쪽 길은 거마리와 임천리 사람들이 태극기를 흔들며 들어왔다. 무리를 이끈 사람은 의병 활동을 몰래 지원했던 박춘실(朴春實)이었다. 이관진(李寬鎭), 이원도(李源燾), 이원희(李源喜) 삼부자가 선봉에 선 감곡리 방면은 북쪽 길을 메웠다. 동편 낙산사로 통하는 신작로는 강릉 최씨 일문이 인솔한 조산리, 사천리 사람들로 메워졌다. 손양면 가평리 군중은 구장 함홍기(咸鴻基)가 이끌었다. 용천리 구장 노병우(盧炳禹)는 대형 태극기를 든 보통학교 생도 최선극(崔善極)과 노병례(盧炳禮)를 선두에 세웠다. 각 고을마다 선두에 태극기를 앞세운 무리들이 장터로 향했다. 양양 장날에 모인 사람은 어쩌다 중구난방 모인 무리가 결코 아니었다. 뚜렷한 목표를 가지고 치밀한 계획 아래 생성되어 한 자리에 모인 각성한 군중이었다.

각 고을 사람들이 태극기를 흔들고 만세를 부르며 양양면으로 몰려들어올 때 면내 장터 싸전 앞 광장에서는 김영학 목사가 군중 앞에서 자주독립의 정당성을 역설했다. 흰 두루마기를 입은 김영학은 목사라기보다 강직한 선비와도 같았다. 김필선을 비롯한 교회 청년들은 독립 의지를 천명하는 김영학 목사 연설 중간 중간에 만세를 부르며 분위기를 북돋웠다. 일장 연설을 마친 김영학 목사는 대열 선두에 서서 시위 행진을 주도했다. 군중을 이끄는 당당한 걸음걸이에 두루마기 자락이 펄럭였다. 그가 목회하던 교회 교인들이 그의 뒤를 따랐다.

조화벽과 사촌 동생 조연벽, 친구 김정숙도 군중 속에 섞여 태극기를 흔들며 만세를 불렀다. 개성과는 느낌이 사뭇 달랐다. 개성 만세 시위는 호수돈여학교 학생들이 중심이었으며 군중은 단지 호응하는 정도였다. 신분과 나이, 성별 가리지 않고 양양 군민과 함께 부르는 "대한 독립 만세"는 우리는 하나라는 동질감을 느끼게 했다. 조화벽은 자신이 가져온 독립선언서가 이렇게 큰 물결을 만들었다는 사실에 새삼 감격스러워 목이 메었다.

양양면에 모여든 만세 군중과 장을 보러 온 사람들이 합세한 만세 소리는 그야말로 천지를 진동시켰다. 점심때를 전후해서는 태극기 물결이 장터와 경찰서 그리고 바로 옆 군청 주변까지 가득 메웠다. 십 년간 일제의 압제에 억눌려 있던 체증과 울분이 만세 소리와 함께 날아가 버린 듯했다. 만세 군중의 기세는 흡사 독립을 쟁취한 듯 뜨거웠다.

평화 시위는 해질 무렵부터 깨지기 시작했다. 전날 잡혀간 22명의 석방 요구가 받아들여지지 않았다. 그뿐 아니라 김영학 목사를 비롯하여 당일 체포된 사람이 있다는 사실이 전해지면서 사람들이 경찰서와 군청을 에워싸기 시작했다. 임천리에서 체포된 22명과 오늘 감금된 이들을 석방할 것과 일제 관헌은 일본으로 돌아갈 것을 소리 높여 외쳤다.

주동자급 몇 사람이 경찰서 건물 안으로 들어갔다. 손양면 가평리 구장 함홍기가 앞에 나섰다. 경찰서장에게 재차 석방을 요구했다. 경찰서장은 고압적 자세로 요구를 묵살했다. 함홍기는 분한 마음에 화로를 들고 서장에게 덤벼들었다. 그때 옆에 서 있던 사법 주임이 칼을 빼어들었다. 그는 일말의 망설임도 머뭇거림도 없이 단칼에 함홍기의 팔을 자르고 허리를 찔렀다. 팔이 잘린 함홍기는 한 손으로 옆구리를 잡고 쓰러졌다. 뒤따라 들어간 권병연(權炳淵)도 일본도에 목을 맞고 쓰러졌다. 바닥은 금세 피로 붉게 물들었다. 피비린내가 진동했다.

피는 도화선이 되어 마침내 군중을 흥분시켰다. 칼부림에 격분한 사람들이 손에 잡히는 대로 돌과 몽둥이를 들고 경찰서와 군청을 공격했다. 어둠이 깔리자 양양경찰서 마당에서 총소리가 들렸다. 한 발이 아니라 연발이었다. 사람들이 놀라 흩어졌다. 두 명이 죽고 수많은 부상자가 발생했다. 총소리가 멎은 후 사람들은 울부짖으며 경찰서 마당에 널브러진 시체와 부상자를 수습했다.

4일 시위의 인명 피해는 양양 만세운동의 불을 더 크게 지폈다. 불에 기름을 부은 형국이었다. 이대로 당하고만 있을 수는 없었다.

이석범이 체포되고 난 후, 동생 이국범(李國範)과 아들 이능렬(李能烈)은 비밀리에 4일 시위 이후를 준비했다. 그들은 도촌면 중도문리 이종국의 집을 찾았다. 이종국 고택은 동네에서 떨어져 높은 곳에 위치하고 있었다. 집 뒤편으로 오래된 대나무가 울울하고 앞이 탁 트여 동네가 한눈에 내려다보였다.

거사를 도모하기에 안성맞춤이었다. 무엇보다 일본 경찰도 어려워하던 전주 이씨 종가집이라 감시에서도 자유로웠다. 이종국이 새 옥양목을 내놓았다. 사랑마루에 티끌 한 점 없는 흰 천을 펼쳐놓고 두 폭짜리 대형 태극기를 여럿 만들었다. 그리고 밤을 도와 도천 면민들에게 다음 날 5일 물치 장터에서 있을 만세 시위 참가를 독려하도록 지시했다.

4월 5일 아침이 밝았다. 강현면 사람들이 물치 장터에 모였다. 도천면민은 경찰주재소가 있는 대포리로 갔다. 일제 강점하에 강선면과 사현면이 통합된 강현면 사람들은 면사무소 앞으로 갔다. 군중이 일본인을 공격할 것이라는 소문에 경찰 이외의 일본인은 새벽부터 배에 태워 바다 가운데로 피신시켰고, 면장을 비롯한 면사무소 직원들은 대부분 도망갔다. 남아 있던 면서기는 시위 군중과 함께 만세를 불렀다. 이어 장이 선 물치 장터 싸전 앞에서 독립선언식을 열었다. 전날 이종국의 집에서 만든 새하얀 옥양목 대형 태극기가 눈부시게 빛났다. 펄럭이는 태극기를 앞세우고 독립선언서가 낭독되었다. 천여 명의 군중들은 손과 손에 작은 종이 태극기를 들고 대한 독립 만세를 외쳤다.

4월 6일. 양양군 전체가 축제 분위기였다. 전날 물치 만세운동에서 경찰의 대응이 없었을 뿐더러 일본인들이 모두 바다로 피신했다는 소식 때문이다. 자신들의 힘으로 압제자 일본을 몰아냈다고 여긴 군민은 이미 독립을 쟁취한 듯 한껏 들떠 있었다. 만세운동 성공이 바로 눈앞에 보이는 듯했다.

손양면 상왕도리에서는 구장 김종탁(金鍾鐸)이 대형 태극기와 '대한독립지기(大韓獨立之旗)'라 쓴 깃발을 앞세우고 '농자천하지대본기'를 펄럭이며 농악대와 함께 양양면으로 향했다. 도중에 주재소 경찰의 제지가 있었지만 군중의 기세에 힘없이 물러났다. 마침 6일은 4일 시위 때 경찰서 마당에서 피살된 김학구(金鶴九)의 장례식 날이기도 했다. 상여를 멘 장례 행렬이 면사무소로 들어가 대한 독립 만세를 불렀다. 4월 4일에 이어 다시 한 번 온 면민이 양양 면내로 몰려들었다. 설악산과 가까운 강현면과 도촌 면민은 삼베에 도시락을 싸서 망태에 넣어 걸머메고 양양면으로 왔다.

시위대가 양양면 입구의 연창에 다다랐을 때 무장한 일본군 증원 소대와 맞부딪쳤다. 4월 5일 원산항에 도착한 일본군 증원 부대 1개 소대가 양양에 배치된 것이었다. 물리적 충돌은 없었지만 사람들을 향한 총구의 느낌은 서늘했다. 6일의 시위는 손양면 시위대 약 300명이 합세하여 그 세가 더 불어났다. 양양 보통학교 생도들도 군향리 뒷산에 올라가 삼베로 머리를 두르고 만세를 불렀다. 시위대는 임천리와 용천리에서도 만세를 부르며 경찰은 체포한 사람을 석방하라고 외쳤다. 이날 만세 시위로 경찰서장으로 하여금 일본은 물러갈 터이니 만세만 부르고 돌아가 달라는 애원을 받아냈다. 약속을 믿어보기로 한 군중은 저녁 때 일단 자진 해산했다.

4월 7일. 경찰의 약속에 쐐기를 박기 위해 천도교도 중심의 군중 300여 명이 양양 면내에서 시위를 했다. 일경은 신속하게 주동자 4명을 체포하였고, 총칼로 군중을 강제 해산시켰다. 만세 시위의 성공이 눈앞에 있다고 낙관했던 군민들이 다시 술렁거리기 시작했다. 4월 9일 기사문리 시위는 양양에서 일어난 마지막 만세운동이자 기독교인과 유학자 그리고 각 마을의 구장이 삼위일체가 되어 전개한 대규모 시위였다. 하지만 양양 만세운동을 통틀어 가장 많은 사상자를 낸 참혹한 시위기도 했다.

4월 9일은 양양 장날이었다. 강현면 면민들은 양양 면내에 모여 만세를 부를 계획이었다. 경찰이 제시한 약속을 지킬 낌새를 보이기는커녕 7일의 만세 시위를 총검으로 강제 해산시켰기 때문이었다. 각 마을에서 구장 인솔 아래 하광정리 면사무소에 집결하였는데, 1천여 명의 시위대가 모였다.

먼저 면사무소에서 만세를 부른 다음, 면장을 앞세워 양양까지 행진할 계획이었는데, 양양에는 원산에서 증원된 군인이 진을 치고 있으니 혹시 인명 피해가 크게 날 수 있다고 누군가 만류했다. 군중들은 일단 양양 진출을 미루고 1km 거리에 있는 주재소를 먼저 공략하기로 했다.

하광정리와 기사문리 사이에는 고개가 있다. 고갯길 좌우에는 마침 가로수를 심고 지주목을 세워놓았다. 맨손의 군중들은 자위 수단으로 지주목을 뽑아 나름대로 무장을 했다. 사람들은 각목을 마치 총처럼 높이 들어 올리며 결의를 다졌다. 그리고 호기롭게 기사문리 주재소로 향했다.

이미 기사문리 주재소에서는 만세 계획을 감지한 수비대가 강릉으로부터 도착해 있었지만, 며칠 동안 진행된 '만세'의 힘을 믿었던 사람들은 무서울 게 없었다. 군중은 주재소 전방 10m 다리 앞에서 경찰과 대치했다. 앞선 장정들이 지주목을 들고 태극기를 흔들며 만세를 부르려던 순간, 콩 볶는 소리가 천지를 진동했다. 개울을 낀 언덕에 엎드려 있던 수비대가 아무런 경고도 없이 발포를 한 것이었다. 선두에 선 사람들이 짚더미처럼 픽픽 쓰러졌다.

아녀자도 소년도 노인도 피를 흘리며 넘어졌다. 푸른 바다가 내려다보이는 아름다운 고개는 순식간에 비명소리와 함께 피바다가 되었다. 군중은 사방으로 흩어졌다. 때를 놓칠 수 없는 게 한 해 농사였다. 만세를 부르는 짬짬이 가래질하던 농민들도 무차별 난사된 총알에 희생됐다. 현장에서 아홉 명이 즉사했다. 부상자는 20여 명이 넘었다.

기사문리의 발포 소식은 양양 전체로 빠르게 퍼져 나갔다. 일본이 곧 물러갈 것이라고 들떠 있던 사람들은 망연자실 말을 잃었다. 평화 시위는 무력 앞에 쓰러졌다. 일경은 주모자와 적극 가담자 명단을 만들어 놓고 총칼을 앞세워 일제히 검거에 들어갔다. 김영학 목사는 이미 만세 시위 첫날 체포되었다. 유림, 기독교도, 천도교도, 농민을 막론하고 가담 정도에 따라 원주감옥소에 수감되거나 태형에 처해졌다.

양양 만세운동으로 12명이 순국하고 73명이 원주감옥소에 수감되었다. 이종국 등 유림은 오라에 묶여 끌려갔고, 김필선 등 청년들은 곤봉으로 맞으면서 잡혀갔으며, 부녀자는 머리채를 잡힌 채 질질 끌려갔다. 최인식, 임원희, 문명해, 최한두, 신세묵, 오세옥, 권광식, 황선주, 추병원, 양익환, 장세환, 윤명종 등 주모자급은 8개월에서 3년까지 원주감옥소에서 옥살이를 했다. 78명이 부상을 당했는데 그건 중상자에 한해서였고, 처벌을 피하려 숨어서 치료를 하거나 은신한 사람이 상당수였다. 태형에 처해진 사람도 1,230명에 달했다.

주재소 감옥은 태형에 처해진 사람들로 터져나갈 듯했다. 날씨는 슬슬 더워지고 있었다. 바람도 안 통하는 좁은 공간에 콩나물처럼 빼곡히 선 채 태를 맞기 위해 기다리는 고통은 인간의 한계를 뛰어넘는 것이었다. 주재소 마당에는 사람들의 비명소리가 그치지 않았다. 만세운동이 실패로 돌아간 것도 분한데 사람들은 굴욕적인 자세로 태를 맞아야했다.

회초리는 날카로운 소리를 내면서 볼기짝에 파고들며 새빨간 자국을 선명하게 남겼다. 살이 찢어지는 고통에 비명을 지르다 졸도하기도 했다. 태를 맞은 후유증으로 불구가 되기도 하고 죽은 사람도 있었다. 태형 집행이 끝나고 피투성이가 된 아랫도리를 수습해 난폭하게 질질 끌어내리는 과정은 육체의 고통보다 더 큰 정신적 모멸감을 주었다. 여자인 경우에는 태형보다 더 잔인한 육체적, 정신적 형벌이 가해졌다. 매질은 기본이었고 정조를 유린하기도 했다.

만세 첫날 김영학 목사 체포 소식에 신변의 위협을 느끼고 있던 조화벽은 검거가 시작되자 몸을 피하기로 했다. 일경이 독립선언서 유입 경로를 조사하다 보면 조화벽이 거론될 것은 분명한 일이었다. 여학생들에게 더욱 잔인하고 야비했던 일경이었다. 조영순 장로는 급히 짐을 꾸려 먼 친척이 살고 있는 양구의 깊은 산골로 딸을 피신시키기로 했다. 만세에 적극 가담한 친구 김정숙, 사촌 여동생 조연벽과 함께 조화벽은 농촌 아낙으로 위장해 보따리를 이고 한계령을 넘었다.

빼앗긴 땅이 되었지만, 인적 없는 산길에 내려쬐는 햇볕은 따사로웠다. 진달래가 한창이었다. 격렬했던 시위가 어디에 있었냐는 듯 산은 평화로웠다. 조화벽 일행은 물이 오르기 시작하는 갈참나무 아래 앉아 잠시 다리쉼을 했다. 급히 몸을 피하느라 미처 느끼지 못했던 감정이 가슴 밑바닥에서 올라왔다. 분하고 원통하고 슬펐다. 순진하고 무모했다는 자책도 일었다. 세 여학생은 한숨을 쉬다가 끝내 눈물을 보이고 말았다. 싸움에 진 아이처럼 손으로 얼굴을 감싸고 흑흑 흐느껴 울었다.

뻐꾸기가 울었다. 조화벽은 뽕잎을 따다가 문득 하늘을 올려다보았다. 산골 좁다란 하늘로 구름이 무심히 흘러갔다. 양양의 하늘은 넓디넓은데, 양양 소식이 궁금했다. 부모님은 어찌 지내실까? 교회는 무사할까? 목사님과 잡혀간 동지들을 어찌 됐을까? 개성의 형편은 어떨까? 학교로 돌아가 졸업을 할 수는 있을까? 아니, 우리는 이제 이대로 일본의 압제에서 벗어날 수 없는 건가? 가슴은 답답하고 머리는 복잡했다. 이렇게 언제까지 산골에서 누에

나 치고 있을 수 없지 않은가. 당장이라도 양양으로 가고 싶었다.

잠자리에 들면 사촌동생 조연벽과 친구 김정숙과 만세운동 이야기를 나누었다. 아직 식지 않은 뜨거운 가슴과 실패의 아쉬움, 불안한 미래에 대해 얘기하느라 밤을 새우곤 했다. 그러면서 새로운 결론을 도출했다. '3·1 운동은 실패도 끝도 아니다. 진정한 독립을 위해 우리에게 주어진 사명을 다해야 한다.' 세 명의 여학생은 산을 내려가면 세상을 바꾸는 일에 일생을 바치자고 맹세를 했다.

양양에서 사람이 왔다. 검거 바람이 일단 가라앉았으니 집으로 내려오라고 했다. 전국적 대규모 시위에 놀란 일제는 강압 정치에서 유화 정책으로 일시적이나마 노선을 바꾸었다. 조화벽이 학교로 다시 돌아갈 수 있었던 이유이기도 했다.

대체로 강원도 지역의 경우 3월 27경부터 시위운동이 여러 곳에서 일어났다. 다른 지역에 비해 산간 오지가 많음에도 불구하고 강원도 사람들은 망태에 도시락을 싸 걸머메고 산 넘고 물 건너 만세 시위장으로 몰려들었다. 강원도는 지역적 한계로 시위 시기가 늦고 규모나 강도가 경기 지역에 비해 약할 수밖에 없었는데, 양양 만세운동은 그런 한계를 뛰어넘은 것이었다. 독립을 향한 숭고한 정신만큼은 타지역에 뒤지지 않았고 오히려 더 높았다고도 볼 수 있다.

강력하고 지속적이며 연합적이었던 양양 지방의 만세 시위는 3·1운동 정신의 진면모를 보여주었다. 구세대의 한 흐름과 신세대의 또 다른 흐름이 이 지역에서 남대천 같은 만세운동을 만들어 냈으며, 강원도에서 가장 치열하게 일어난 양양 3·1운동은 근대와 전근대의 만남이었다. 이전의 사상, 신분, 지위, 성별, 세대 등 모든 경계와 차이들을 극복하고 하나의 민족이라는 것을 확인했다.

3·1운동으로 독립을 달성하지는 못했지만 사람들은 결코 패배주의에 물들지 않았다. 오히려 국내외로 독립운동이 활성화되는 계기를 제공했다. 3·1만세운동은 한민족의 자주에 대한 선언이며 우리를 억압하는 일제에 대한 선전 포고이기도 했다. 3·1운동을 통해 스스로 힘을 자각한 민중은 이후 대중 운동을 통해 또 다른 독립운동을 전개했다.

3·1운동을 계기로 전국 각지에서 청년 단체, 농민 단체, 노동자 단체가 만들어져 조선 민중을 조직화하고 의식화하는 활동이 활발히 이루어졌다. 조화벽이 독립선언서를 넘겨주었던 십 대의 김필선과 3·1운동에 참가한 청년들도 농민 운동과 청년 단체에서 활동했다. 3·1운동으로 조선은 봉건에서 벗어나 스스로 근대인이 되었다. '나라의 주인은 우리'라는 인식은 상해 대한민국 임시 정부의 수립을 낳았다. 이것이 바로 3·1운동의 혁명적 성격이다.

이를 계기로 일본은 더 이상 조선을 무단 통치로 지배할 수 없다고 판단했다. 군부가 주도하는 통치를 폐기하고 유화 조치를 취했다. 한글 신문 간행을 허용하고 조선인에게 집회 결사의 자유를 부분적으로 인정했다. 헌병 경찰제를 보통 경찰제로 개편하는 등 칼을 뒤에 숨기고 겉으로는 문화 통치로 지배 방식을 바꾸었다.

7. 운명을 받아들이다

자주 꽃 핀 건, 자주 감자
파 보나 마나 자주 감자

하얀 꽃 핀 건, 하얀 감자
파 보나 마나 하얀 감자

— 권태응(1918~1951), 「감자꽃」 전문

첫 부임지인 공주역에 내렸다. 처음인데도 낯설지 않고 마음이 평안했다. 개성만큼이나 우리 민족의 오래된 도시라는 느낌을 받았기 때문이었다. 동그란 뿔테 안경을 낀 황인식(黃寅植) 교감 선생이 마중 나와 있었다. 휴교령으로 졸업이 늦춰져 조화벽은 졸업과 동시에 공주 영명학교 교사로 발령받았다. 조화벽과 같은 기독교계 엘리트 여성은 대개 선교 사업에 나서거나 교육계에 종사했다. 조화벽은 남감리교에서 설립한 영명학교에 부임하면서 교육자의 길을 선택했다. 혼기가 이미 지났지만 굳이 혼인할 마음은 없었다. 시대를 앞서가는 선구자였던 조화벽은 남자에 종속된, 평범한 여자의 삶에 연연하지 않았다.

신여성이 드문 시대에 특히 조화벽 같은 여교사는 호기심의 대상이었다. 남녀칠세부동석이 아직 엄연한 세상에서 여선생의 처신은 불편하기 이를 데 없었다. 여교사들을 무엇보다 힘들게 하는 건 그들을 신기한 구경거리로 여기는 세태였다. 시선의 감옥에 갇혀 고생이 막심했던 여선생들로서는 객지에 부임했을 때 가장 신경 쓰는 게 하숙집을 잡는 일이었다. 다행히 조화벽은 영명학교 교감인 황인식의 집에서 하숙을 하기로 했다.

석양이 조출한 한옥 담벼락을 주황빛으로 물들이고 있었다. 예닐곱 살 먹은 남자 아이와 열서너 살쯤 된 소년이 벽에 나란히 등을 기대고 서 있었다. 황인식을 보자 아이들은 허리를 세우고 꾸벅 인사를 했다. 얼굴이 노란 아이들은 왠지 기운이 없어 보였다.

조화벽을 무심히 쳐다보는 마른 아이들의 눈빛이 마치 엄마 잃은 송아지 같았다.

형제는 천안 만세운동에서 헌병의 총칼에 부모를 잃었고, 공주감옥소에 형과 누나가 갇혀 있었다. 큰형은 영명학교 학생으로 공주 만세운동의 주모자인 유우석이었고, 누나는 아우내 장터 시위를 주도한 이화학당 학생 유관순이었다.

일찍이 감리교에 입교한 형제의 아버지 유중권(柳重權)은 큰아들 유우석을 감리교가 세운 영명학교에, 딸 유관순을 이화학당에 유학시켰다. 서울에서 만세운동에 참가하고 휴교령으로 고향에 내려온 유관순은 17세 여학생 신분으로 병천 만세운동을 조직했다. 부모와 작은 아버지와 함께 천안 아우내 장터 시위를 주도하다 눈앞에서 헌병의 총칼에 부모가 쓰러지는 걸 보았다. 충격과 분노, 슬픔은 유관순을 선두에서 더 과격하게 시위를 끌고 가게 만들었다. 유관순은 키가 작은 주재소장 고야마의 멱살을 잡아 흔들며 "나라를 되찾으려 정당한 일을 했는데 어찌 총을 쏘느냐"며 울부짖었다. 군중을 향한 총구를 몸으로 막은 유관순은 허리에 칼을 맞고 일경에 잡혔다.

아우내 시위가 있던 4월 1일 오빠 유우석도 영명학교 교사와 학생, 감리교 목사들의 주도하에 일어난 공주 만세 시위 현장에 있었다. 오후 두 시 유우석과 학생들은 전날 등사한 독립선언서와 격문, 태극기를 나누어 숨긴 채 장터에 있는 군중 가운데 섞여 들었다. 재빨리 독립선언서와 격문을 나누어 주고, 태극기를 일제히 꺼내 장터 가운데 높이 세워들었다.

장터에 모인 사람들의 시선이 10년 만에 보는 태극기에 집중되었다. 학생들은 온 힘을 다해 "대한 독립 만세!"를 외쳤다. 우물쭈물하던 사람들이 사태를 파악하고 일제히 호응하며 만세를 불렀다. 만세 소리가 공주 면내에 퍼져나갔다.

유우석은 대열의 선두에 서서 시위대를 인도했다. 일본 기마경찰이 검을 꽂은 장총을 쏘면서 강제로 군중을 해산하려 했다. 친구와 함께 유우석이 기마경찰의 말고삐를 잡아챘다.

"네 이놈, 어디다 함부로 총질이냐. 이놈!"

겁을 모르는 열아홉 살 청년 둘이 일경을 거꾸러뜨렸다. 총을 빼앗고 발길로 걷어차 실신을 시켰다. 이것을 본 다른 일본 순사가 곤봉으로 유우석의 머리를 후려쳤다. 유우석은 피를 낭자하게 흘리며 길바닥에 쓰러졌다. 혼절한 상태에서 체포된 유우석은 감옥에서 정신을 차렸다.

유우석은 같은 날 벌어진 고향 아우내 장터의 만세 시위에서 선봉에 섰던 부모가 모두 현장에서 일경의 총칼에 목숨을 잃은 사실을 알지 못했다. 동생 유관순이 주모자로 체포되어 같은 감옥소에 수감되었다는 사실도 까맣게 몰랐다. 걸어서 재판정으로 갈 수 없어서 간수들이 인력거에 태워 법정에 출두시킬 정도로 부상이 심했던 유우석은 공주 조사국에서 유관순을 스치듯 잠깐 만났다.

유관순은 조사를 받고 나오는 길이었고, 유우석은 조사실로 가는 중이었다. 머리에 붕대를 감은 오빠는 걸음을 겨우 떼었다. 여동생은 허리를 펴지 못했으며 얼굴이 멍투성이였다.

일본인 간수보다 한 뼘은 더 큰 여동생을 오빠가 멀리서 먼저 알아보았다.

"관순아!"

오빠를 본 여동생은 금세 눈물이 그렁해졌다.

"오빠! 아버지 어머니가 돌아가셨어."

유우석은 충격으로 외마디 소리를 질렀다. 자세한 사정을 물어보고 답할 새도 없이 남매는 오라에 묶인 채 간수에게 등이 떠밀렸다. 유우석과 유관순은 울부짖으며 반대 방향으로 각각 끌려갔다.

유우석과 유관순의 어린 두 동생 유인석(柳仁錫)과 유관석(柳寬錫)은 졸지에 부모를 여의고 할아버지마저 세상을 등지는 참혹한 상황에 처해졌다. 할아버지 유윤기(柳閏基)는 큰아들 유중권 내외가 한날에 처참하게 죽는 걸 지켜보았다. 작은아들 유중무(柳重武), 손자 유우석과 유관순은 감옥에 갇혔다. 아우내 장터에서 아들 내외의 시신을 수습한 그는 고아가 된 어린 두 손자도 거두어야 했다.

마침 가래질을 해야 하는 철이었다. 물이 새지 않게 제때 논두렁을 다지지 않으면 농사를 망치게 된다. 손자들을 굶기지 않으려면 정신을 수습하고 논에 나가야 했다. 하지만 갑자기 닥친 일들을 감당하기에 그는 힘이 부쳤다. 기진한 그는 모진 세월을 견디지 못하고 아들이 죽은 두 달 뒤 촛불이 꺼지듯 홀연 세상을 떠나고 말았다.

아우내에서는 사람들을 선동해 '삼 고을을 쑥대밭으로 만든 여우 같은 기집애'라며 유관순을 미워하고 손가락질하는 사람도 있었다. 희생자 유가족의 원성은 더 높았다. 작은아버지를 비롯한 일가가 다 잡혀간 상황이었지만 어린 두 형제를 거두어 주는 곳은 없었다. 영명학교 1회 졸업생으로 영명학교에서 교편을 잡고 있었던 황인식은 제자 유우석의 동생들이 갈 곳 없어 헤맨다는 소식을 듣고 두 형제를 무조건 집으로 데려왔다.

조화벽은 어린 형제가 남 같지 않았다. 열두 살 큰 아이는 하얗고 갸름한 얼굴의 곱상한 미소년이었다. 일곱 살 먹은 아이는 또래보다 덩치가 컸고, 어리지만 눈에 결기가 있어 보였다. 조화벽은 둥지를 잃은 어린 새 같은 형제를 보듬어 주고 싶었다. 또한 그 누구보다 치열하게 3·1운동을 겪은 유우석 형제에게 강한 동류의식도 느꼈다.

유관순과 조화벽은 이미 인연이 닿아 있었다. 유관순은 이화학당에 진학하기 전, 영명소학교에 다니던 무렵 양양으로 시집간 고모네 집에 놀러간 적이 있었다. 양양면 월리에 사는 고모집에서 나무다리를 건너면 성내리교회였다. 역시 개신교 신자였던 고모를 따라 주일에 성내리교회를 갔었다. 100여 명 남짓의 신도 중에서 호수돈여학교에 다니던 조화벽은 병천에서 온 소녀에게 선망의 대상이었다.

기억에 없더라도 기독교계 여학교를 다녔다는 이유만으로도 조화벽은 유관순이 친밀하게 느껴졌다. 일면식도 없는 오빠 유우석도 마찬가지였다.

유우석은 징역 6개월, 집행유예 2년을 선고받았다. 서대문형무소로 이감된 유관순은 그날 스치듯 잠깐 본 것이 전부였다. 1919년 8월 29일 유우석은 4개월간 미결수로 옥살이를 하고 나왔다. 장손으로서 부모와 조부의 장례를 치를 수도 없었다. 무더운 여름, 좁은 감옥에서 지옥 같은 감방살이를 하고 나오던 날 하늘은 높았다.

푹푹 찌는 더위가 살짝 물러간 하늘은 청명했다. 유우석은 바람이 시원하다고 느끼는 것도 죄스러웠다. 여동생은 아직도 감옥에 갇혀 있었다. 마지막 정신적 보루인 할아버지마저 유명을 달리했으니 세상에 혼자 버려진 것 같았다. 여름의 끝자락이건만 유우석은 '서릿발 칼날진 동토'에 서 있는 것같이 한기가 들었다. 앞으로 어린 두 동생을 데리고 살아갈 길이 막막했다. 그나마 황인식 선생과 조화벽의 존재가 큰 위로가 되었다.

공주감옥소로 면회를 온 황인식은 함께 온 조화벽을 소개하며, 조화벽이 동생들을 잘 보살펴주고 있다고 했다. 처음 보는 여인이었는데, 이마가 단정하고 눈썹이 짙고 눈빛이 깊은 것이 인상적이었다. 그 후 조화벽은 유우석의 동생들을 돌보는 한편 유우석이 출감하는 날까지 옥바라지도 해주었다.

여학교를 졸업하고 소학교에서 교편을 잡고 있는 신여성이라면 누구나 뭇 남성의 흠모의 대상이었다. 그런 처녀 선생이 동생들을 돌보고 자신의 옥바라지까지 자청한 것이 유우석으로서는 의아했다. 왜 자신과 동생을 거두는지에 대해서 조화벽은 굳이 말하지 않았다. 4살 연상의 조화벽에게 유우석은 속 깊은 누이를 느꼈다.

조화벽이 처음 다녀간 날 밤 유우석은 곰곰 생각에 잠겼다. 호수돈 출신이라면 만세 시위에 동참했을 게다. 거기다 같은 교인이고……. 3·1운동의 뜨거웠던 연대 의식이 안타까운 처지에 놓인 자신과 자신의 가족을 보살피게 했을지도 모른다고 생각했다.

조화벽은 철창을 사이에 두고 유우석을 처음 만났다. 해사한 얼굴에 호리호리한 청년은 큰동생 유관석과 무척 닮았다. 무남독녀인 조화벽에게 유우석과의 첫 만남은 챙겨주고 싶은 남동생이 한 명 더 늘어났다는 의미였다.

유우석이 출옥한 후 서울로 올라가 영명학교와 같은 감리교 재단인 배재고등보통학교에 편입할 수 있었던 건 재단의 배려 덕이었다. 하지만 동생들을 자신이 보살필 테니 공부를 계속하라는 조화벽의 배려가 없었다면 불가능했을 일이기도 했다.

배재고보 재학 중 유우석은 서대문형무소로 동생 유관순의 면회를 갔다. 이화학당 월터 교장이 어렵게 주선한 면회였다. 공주 만세운동으로 함께 투옥됐었던 김현경(金賢卿)도 함께했다. 유관순은 아우내 만세 시위 주동자였을 뿐 아니라 공주감옥소에서도 계속 만세를 부르고 재판정에서도 끊임없이 독립운동의 정당성을 주장해 괘씸죄가 더해졌다. 공주지방법원에서 유관순이 받은 5년형은 민족대표 33인이 받은 3년형과 비교했을 때 얼마나 중형이었는지 알 수 있다. 경성복심법원의 재심 판결로 3년형을 선고받은 유관순은 서대문형무소에 수감되었다.

걸음도 잘 못 떼는 유관순이 비척비척 일행에게 다가왔다. 유우석과 월터 선생이 동시에 철창을 사이에 두고 유관순의 손을 잡았다. 손이 부어서 맞잡은 손의 자국이 그대로 눌린 채로 있었다. 유우석은 온몸에 멍이 시퍼렇게 들고 몸이 퉁퉁 부은 동생의 몰골을 보고 말을 잃었다. 부모님 임종도 못 했는데 동생도 또 그리 보내게 될 것 같은 예감으로 몸서리가 쳐졌다.

"오빠! 나는 살지 못할 것 같아요. 그래도 원통하지 않아요.

부족하나마 내 임무를 다하고 부모님 곁으로 가니까요. 인석이 관석이 잘 부탁해요."

유관순은 유우석에게 유언처럼 말했다. 죽음의 그림자가 짙게 드리워져 있는 동생은 의젓했다. 자라면서도 항상 그랬다. 여자아이이면서 병정놀이를 좋아했고 장군 역을 도맡아 하던 아이였다. 우국 창가를 즐겨 부르던 동생은 선봉에 서서 불의에 저항하다 장렬히 산화할 운명을 타고난 아이라고 생각했다. 심장이 찢어질 것 같았지만 유우석은 애써 눈물을 보이지 않고 동생을 위로했다.

"너는 다른 사람이 칠십 년을 살아도 못할 일을 하지 않았니."

동생의 부은 손을 꽉 잡았다. 살이 썩어서 불그레한 진물이 나왔다.

월터 선생이 나서 간수에게 입원시켜 줄 것을 간곡히 청했지만 묵살됐다. 온 감옥의 소동을 선동하는 죄수에게 그런 자비를 베풀 수 없다고 잘라 말했다. 유우석은 결국 동생 혼자 떠나야하는 먼 길을 미리 배웅한 셈이었다.

마지막으로 유관순을 면회했던 사람들은 모두 죽음을 예감했다. 시위 현장에서 칼에 맞은 허리의 상처가 제때 치료를 받지 못해 덧나 있었다. 게다가 3·1 운동 1주년 옥중 만세 시위를 주도하다 심한 구타와 고문을 당한 상태였다. 발로 수없이 걷어차인 유관순은 방광이 터지는 중상을 입었고, 이후 온몸이 썩어 들어가고 있었다.

방광 파열 자체는 신속하고 적절한 치료를 받으면 생명에 큰 지장은 없었다. 그러나 형무소 당국은 수시로 독립 만세를 외치며 형무소를 투쟁 열기에 휩싸이게 만드는 유관순의 의지를 꺾을 필요가 있었다. 형무소 당국은 유관순의 치료 요구를 끝내 거부하고 방치하였다. 결국 고문 후유증과 2차 감염에 의한 요독증, 패혈증 그리고 신부전증 같은 합병증으로 유관순을 죽음에 이르게 만든 것이었다.

유관순은 서대문형무소에서 3·1 운동 이듬해 9월 28일 사망했지만 10월 12일이 되어서야 이화학당에서 시신을 인수할 수 있었다. 집안이 풍비박산이 났으니 유족에게 제때 연락을 할 수 없었던 까닭이었다. 뒤늦게 연락을 받은 유우석이 달려왔다.

시신은 부패가 심했지만 얼굴만은 깨끗했다. 동생은 평화로운 얼굴로 잠들어 있었다. 살아서 받아야 했던 극심한 육신과 정신의 고통을 훌훌 털어버리고 비로소 안식을 찾은 것 같았다. “최후의 일 인까지, 최후의 일 각까지.” 독립선언서 공약 3장 2항을 성실히 수행하려고 했던 순수한 동생의 죽음이 안쓰럽다기보다 대견했다. 그게 자신이 아닌 게 또 부끄럽기도 했다.

장례식 날은 완연한 가을 날씨였다. 하늘은 서럽도록 푸르렀다. 학교에서 마련한 수의를 입히고 그 위로 비밀리에 만든 태극기로 감싼 유관순의 시신이 관에 앉혔다. 장례식은 정동교회 김종우(金鐘宇) 목사의 집전으로 진행되었다. 가족 외에 최소한으로 제한된 인원만이 참석한 장례식은 쓸쓸했다. 유관순의 동무들 사이에서 흐느낌이 새어나왔다. 유해는 수레에 실렸다. 소가 끄는 수레는 천천히 정동교회 마당을 벗어나 덕수궁 돌담길을 따라 움직였다. 요령 소리가 구슬펐다.

수레는 이태원의 공동묘지에 도착했다. 한 줄기 바람에 낙엽이 흩날렸다. 청명했던 하늘이 갑자기 어두워졌다. 유우석과 배재학당의 몇 친구들이 유해를 운구했다. 유우석의 친구들은 자기 여동생인 양 장례에 정성을 다했다. 그 순간 유관순은 유우석의 누이동생이 아닌 조선 사람 모두의 누이이고 딸이었다. 안치할 구덩이를 판 다음 목사의 인도 아래 하관이 진행되었다.

유관순은 비석도 무덤 표식도 없이 이태원 공동묘지에 외롭게 묻혔다. 1930년대 들어 공동묘지가 일제의 군용 기지로 전환됨에 따라 망우리 공동묘지로 이장이 이루어졌다. 그 과정에서 유관순 묘가 사라졌다. 묘지 이장 최고 공고를 신문에 게재했으나 가족들은 미처 알지 못했다. 유관순의 무덤은 함부로 파헤쳐져 망우리 무연고 묘지에 합장되었다. 유우석은 죽을 때까지 동생의 무덤조차 없다는 사실을 비통해했다.

배재고보 시절 유우석은 부모님에 이어 여동생까지 죽음으로 내몬 일제에 대한 울분이 극에 달했다. 본격적인 독립운동을 위해 임시 정부가 수립된 상해에 가고 싶었지만, 어린 동생들을 두고 혼자 떠날 수는 없었다. 유우석은 '살아남은 자의 슬픔'을 극복하기 위해 무슨 일이든지 해야 했다.

3·1 운동을 계기로 만주 지방과 연해주에서는 독립운동이 활발하게 전개되고 있었다. 조선에서 망명한 독립운동 지도자들에 의해 수많은 독립군 양성 기관이 생겼다. 무장한 독립군 부대가 편성되었으며, 여러 차례 국내로 진공해 일제 식민 통치 기관에 큰 타격을 주기도 했다. 1920년 6월 봉오동 전투, 10월 청산리 전투에서 독립군은 일본군에게 전멸에 가까운 패배를 안겨주었다.

조국의 광복을 바라는 마음은 같았지만 사정은 달랐다. 유우석처럼 떠나지 못한 사람은 국내에서도 끊임없이 항일 운동을 전개해야 한다는 사명감으로 불타올랐다. 일제를 무너뜨릴 수 있는 방도를 다방면으로 모색하던 때, 유우석은 후일 '박열(朴烈) 사건'에 연루된 김중한(金重漢)과 일본에서 무정부주의 활동을 하고 있던 투사 이윤희(李允熙)를 사귀게 된다. 그가 오랜 세월 실현을 꿈꾸었던 사상, 무정부주의에 관심을 갖게 된 것이 그때였다.

'무정부주의'라는 표현은 아나키즘의 잘못된 번역이다. 일체의 억압을 부정하고 반전 평화와 개인의 자유를 주장한 아나키즘은 제국주의 일본의 입장에서는 국가와 정부를 부정하고 무질서와 혼돈을 야기하는 불온한 사상이었다. 그러므로 무정부주의라는 표현은 일제의 악의가 개입된 왜곡된 번역이라고 할 수 있다. 본래의 아나키즘이란 개인의 자유를 억압하는 통치 권력이 존재하지 않는 세상을 꿈꾸는 반권력 사상이다. 그러므로 아나키즘은 '반강권주의'라고 번역하는 것이 좀 더 정확한 표현이라 할 수 있다.

일제 강점 아래 조선 선각자들의 이목을 사로잡은 것은 러시아의 아나키즘 사상가 크로포트킨(Kropotkin, Pyotr Alekseevich)의 상호부조론(『만물은 서로 돕는다』)이었다. 당시는 강대국이 약소국을 지배하는 건 자연스러운 섭리라는 인식이 주류였다. 그런 논리를 정면으로 반박하고 세상은 서로 협력하고 연대에 기초해 평화롭게 발전해 나가야 한다는 크로포트킨의 상호부조론은 3·1운동 후 조선 지식인 사이에서 선풍을 일으켰다. 이는 민중의 힘으로 식민지 지배 권력을 무너뜨리고 개인이 자유롭게 연대하고 협력하는 새로운 조선을 만드는 논리를 제공해주었다.

유우석이 교류한 김중한과 이윤희는 일본에서 반강권주의를 내세우며 조선의 식민지화를 반대한 고토쿠 슈스이(幸德秋水)의 아나키즘에 영향을 받은 젊은이들이었다. 고토쿠 슈스이는 청일전쟁과 러일 전쟁을 거치면서 일사불란하게 제국주의로 가고 있는 일본에서 반전 평화를 주장한 드문 인물이었다. 그는 조선의 식민지화를 비판했으며 조선 침탈 선봉인 이토 히로부미(伊藤博文)를 암살한 안중근(安重根)을 존경했다. 천황 암살 모의 혐의로 체포될 당시 그의 품속에서 안중근을 칭송한 자작시도 나왔다. 그는 아나키즘의 확산을 두려워한 일본 정부에 의해 11명의 사회주의자와 함께 1911년 처형됐다. 정부의 탄압에 주춤했다가 1920년대에 부활한 아나키즘에 많은 조선 유학생들이 경도됐다.

처음 아나키즘은 사회주의와 뒤섞여 들어왔다. 도입 초기 아나키즘의 바람은 상당했다. 하지만 아나키즘의 '개인 간 자유로운 연합'이라는 기조는 일사불란한 투쟁을 요구하는 노동 운동이나 농민 운동에서 힘을 갖기는 어려웠다. 반면 대중 운동과 결합된 사회주의 세력은 빠르게 그 세를 불려갔다.

3·1운동 후 수많은 조선 지식인들이 사회주의에 끌린 이유는 하나였다. 나라의 독립을 위해서였다. 레닌은 일관되게 제국주의 전쟁을 반대하고 피압박 민족과 식민지 민족 해방 운동을 지지했다. 국권 회복을 위해 필요하다고 여겨 서양 종교인 기독교를 수용했던 사람들은 이제 같은 이유로 기독교를 버리고 사회주의 사상을 선택했다. 노동자와 농민이 주인인 소비에트야말로 우리가 연대해야 할 대상이고 장차 조선에 세워야 할 권력 형태라고 믿었다. 볼셰비키 정부와 손잡고 일본 제국주의와 싸워 민족 광복을 이루는 것이 당시 그들의 목적이었다.

조선 지식인이 독립운동의 일환으로 적극 수용한 사회주의였지만, 기층민의 나라를 주장한 사회주의는 결국 국가의 강력한 통제 아래 놓인 권위주의적 공산주의로 변질되었고, 광복 이후 민족 분열을 낳았으며, 동족상잔의 비극으로 몰고 갔다. 그러나 반전과 평화, 개인의 자유를 주장하는 아나키즘은 인권 사상과 함께 언제나 청년의 사상으로 불사조처럼 부활하고 있다. 그 이유는 갖가지 억압 속에서 살 수밖에 없는 인간이 끊임없이 추구하는 건 개인의 자유이기 때문일 것이다.

3·1운동으로 한국인의 저력에 두려움을 느낀 일본은 부분적으로나마 식민지 통치 방식을 바꾸었다. 앞서도 얘기했지만, 무단통치의 상징이던 헌병 경찰제가 폐지되고 보통 경찰제가 실시됐다. 이제 거리에 칼을 차고 돌아다니며 즉결 심판하던 헌병은 사라졌다. 대신 경찰의 수가 급격히 늘어났다. 실제로 경찰서와 경찰 인원이 1918년에 비해 4배나 증가했다. 조선총독부는 대놓고 핍박하는 대신 은밀하고 교묘하게 민족을 이간질하고 분열시키는 방향으로 정책을 전환했다.

문화 정치는 일제의 의도와는 정반대 결과를 낳기도 했다. 특히 제한적이기는 하였지만 언론, 출판, 집회, 결사의 허용은 이후 식민지 조선의 사회 변동에 큰 영향을 미쳤다. 3·1운동 이후 각종 사회단체가 결성되었고 각종 강연회가 전국적으로 성행했다. 개성 만세운동 주동자로 어윤희, 유관순과 같은 감방에 수감됐던 권애라는 서대문형무소 경험을 주제로 한 강연으로 전국적인 호응을 이끌어 내기도 했다.

1925년 치안유지법이 공포되면서 3·1운동 이후 일제가 내세운 문화 정치의 이면이 드러나기 시작했다. 치안유지법 실시는 1920년대 초반에 제한적으로 허용했던 민주주의에 다시 재갈을 물리는 것이었다. 헌병 대신 사상범만을 전담하는 고등경찰을 만들고 각계각층에 밀정을 심었다. 민족 독립운동에 대한 전격적인 탄압이 시작되었다.

강제된 권력을 부정하는 아나키즘에 관심을 가지고 있던 그 무렵 유우석은 경성법학전문학교에 진학했다. 일제가 만든 법을 제대로 알아야 일제에 맞설 수 있다는 생각에서였다. 하지만 그는 학업에 전념할 수 없었다. 일제가 독립운동 전초 기지인 만주 한인 사회를 쑥대밭으로 만들고 한인 3,600여 명을 학살한 '간도참변'이 일어난 시기였다. 유우석은 국내에서 끊임없이 항일 투쟁을 도모했다. 그것이 부모와 동생을 비명에 떠나보낸 자신에게 주어진 소명이라고 여겼다.

그는 입학하자마자 '조국수호회'라는 지하 조직을 만들었다. 비밀리에 학생 운동을 전개했던 그는 3학년 봄 일본 경찰에 체포됐다. 주모자로 종로경찰서에 넘겨진 그는 혹독한 취조를 받았다. 뺨을 맞고 발로 걷어차이고 몽둥이찜질을 당했다. 유우석은 육체적 고통보다 치욕스러움에 몸을 떨었다. 동생을 떠올렸다. 모진 고문과 폭력을 견뎠을 동생에게 부끄럽지 않은 오빠이고 싶었다. 유우석은 끝내 동지 이름을 밝히지 않았다.

그 무렵 조화벽은 배화여학교로 발령을 받았다. 발령지로 가려니 인석, 관석 형제가 마음에 걸렸다. 노모를 모시고 혼인해 일가를 이룬 황인식 선생의 빠듯한 교사 월급으로 아이들 양육을 도맡는 것도 무리였다. 이미 아이들에게 정이 든 조화벽은 처녀의 몸이었지만 아이들을 발령지에 데리고 가기로 작정했다. 미안해하는 황인식 부부의 전송을 받으며 조화벽은 두 아이와 함께 경성행 기차에 올랐다.

유우석이 종로경찰서 유치장에 구금되어 있는 동안 조화벽은 끼니를 챙기고 새 옷을 넣어주었다. 유우석은 동생들까지 서울로 데려와 보살펴 주는 조화벽이 고마웠다. 아니 고맙다는 말로는 부족했다. 적당한 표현을 찾을 수 없는 그런 감정이었다. 취조를 받으면서 유우석은 조화벽에게 남자다운 모습을 보이고 싶다는 생각도 들었다. 면회를 온 조화벽이 자신의 멍든 얼굴을 측은하게 바라보았을 때, 유우석은 조화벽의 눈에서 혹시라도 연모의 감정이 들어 있지 않을까 살폈다. 하지만 조화벽의 표정에는 안타까움, 연민, 동지애, 모성애가 복합된 감정만이 담겨 있을 뿐이었다.

구체적 활동 혐의를 밝혀내지 못한 경찰은 결국 유우석을 방면했지만, 유우석은 이 일로 법학전문학교에서 퇴학을 당했다. 당시 어느 곳에도 소속되지 못하고 방황하던 유우석이 기댈 수 있었던 사람이 조화벽이었다. 처음에는 동생들을 돌봐주고 자신의 옥바라지까지 해준 그저 고마운 누이 같은 여인이었다. 하지만 언젠가부터 누이 같은 푸근함 사이로 조금씩 연정이 스며들었고, 눈덩이처럼 커진 그 마음을 더 이상 주체할 수 없었다. 유우석은 어렵게 조화벽에게 연모의 감정을 털어놓았다. 조화벽은 어이가 없고 기가 막혔다. 자신이 베푼 호의를 연정으로 오해한 것 같아 불쾌하기까지 했다. 네 살이나 어린 동생이었다. 조화벽은 그런 유우석을 남자로 생각해 본 적이 없었다. 느닷없는 고백에 조화벽은 적잖이 당황했다.

검은 눈과 단정한 입매, 숱이 많은 머리카락을 한 점 흐트러짐 없이 갈무리한 조화벽의 모습은 누구도 함부로 대하기 어려운 기품이 있었다. 유우석은 호리호리한 체격에 얼굴이 하얗고 갸름했다. 서양 사람처럼 코가 높고 이마가 넓었다. 당당한 여걸 같았던 유관순과 달리 미소년의 느낌이었다. 그런 두 사람이 연인이 되기에는 넘기 힘든 벽들이 가로막고 있었다. 하지만 한 번 피어오른 피 끓는 청년의 연정은 쉬 사그라들지 않았다.

조화벽은 연애 같은 건 관심 밖이었다. 영명학교 동료 교사였던 임영신(任永信)과 상해 임시 정부에 보낼 군자금을 모으고 있었기 때문이다. 각지의 독립운동가들이 몰려든 상해 임시 정부는 독립 전쟁을 수행할 군대를 양성하고 있었다. 국내는 물론 멕시코, 미국 본토와 하와이에서도 군자금을 보냈다. 조화벽은 교회에서 십일조 명목으로 모금한 군자금을 상해 임시 정부에 보낼 방도를 찾고 있었다.

3·1운동이 지닌 여러 중요한 의미 중 하나는 전통 사회에서는 그 존재 가치를 인정받지 못하던 여성이 사회의 주요 세력으로 떠오르기 시작한 것이라고 할 수 있다. 3·1운동에서 보인 여성의 활약은 이후 여성의 사회 참여에 대한 신호탄이었다. 1919년에 발표된 「대한독립여자선언서」는 여성도 남성과 마찬가지로 상무 정신을 가지고 독립을 위해 투쟁해야 한다고 강조했다. 조화벽은 독립을 위한 투쟁에 남성과 여성의 차이가 있을 수 없다는 인식에 동조했다. 총을 들고 직접 투쟁에 나서지는 않았지만 독립 자금을 모집하거나 교회 중심의 여성 계몽 운동에는 누구보다 적극적이었다.

조화벽은 냉정하고 이성적으로 유우석을 대했지만, 시간이 갈수록 유우석의 감정은 식기는커녕 더 거세게 타올랐다. 고백에서 한 걸음 더 나가 청혼을 했다. 조화벽은 유우석이 아니라 어떤 남자와도 혼인할 생각이 없었다. 남자에게 종속되지 않고 하나님 말씀에 충실하며 신앙인으로 살 것을 일찌감치 결심했기 때문이었다. 조화벽은 마음을 받아들이지는 못 하지만 유우석이 자립할 때까지 동생들을 돌보겠노라 약조했다. 유우석은 자신이 원하는 건 누이나 엄마가 아니라 아내라고 했다. 혼인을 해주지 않으면 자신의 삶은 의미가 없으니 차라리 죽겠다고까지 했다. 그야말로 목숨을 건 절박한 구애였다. 그런 유우석에게 조화벽은 조금씩 흔들리기 시작했다.

조화벽이 개성 만세운동으로 2년간 옥살이를 하고 나온 어윤희를 다시 만난 건 개성 호수돈여학교로 전근한 다음이었다. 어윤희는 이전보다 더 항일 의식이 투철하고 담대한 투사가 되어 있었다. 상해 임시 정부에서 파견된 밀사에게 보낼 자금을 모집하고 육혈포 등 무기를 구해 전달하는 등 몸을 아끼지 않았다.

조화벽은 어윤희가 서대문형무소에서 유관순과 같은 감방에서 복역한 사실을 유우석을 통해 알고 있었다. 조화벽의 어윤희에 대한 존경과 신뢰는 남달랐다. 개성 3·1운동으로 잡혀갈 당시 어윤희는 서슬이 퍼렇던 일경을 향해 "너희가 내 몸을 묶어갈지언정 내 정신은 묶지 못할 것"이라며 일갈했던 일은 조화벽에게 지워지지 않는 기억이기도 했다.

3·1운동 당시부터 여성 독립운동 피의자는 일경에게 조사 대상이기 이전에 성희롱과 성폭력의 대상이었다. 심문을 빙자해 알몸으로 짐승처럼 기어 다니게 하거나 성적, 인격적, 종교적 희롱

과 모욕을 일삼았다. 개성 만세 시위를 촉발시킨 주요 인물인 어윤희였기에 강도 높은 고문이 가해질 건 뻔한 일이었다. 서울로 압송되어 경성지방법원 검사국에서 조사를 받던 중 대답을 고분고분하게 하지 않자 취조관이 발가벗기라고 호통을 쳤다. 어윤희는 전혀 주눅 들지 않고 당당하게 큰소리로 응대했다.

"내 몸에 감히 누가 손을 댄다는 것이냐. 내 벌거벗은 몸뚱이 보는 것이 소원이라면 내 손으로 직접 벗으마."하며 옷을 훌훌 벗어 던졌다.

"자! 실컷 보아라. 당신들 어머니와 당신 아내의 몸도 이럴 것이다."

조사관은 그만 기에 질려서 옷을 입으라며 어윤희에게 옷을 다시 돌려주었다.

끝까지 기를 굽히지 않았던 어윤희는 유관순과 함께 여성으로서는 드물게 독립선언서에 서명한 민족대표와 같은 무게의 형량을 받았다.

조화벽에게 어윤희는 동지이면서 믿음직한 인생 대선배였다. 유우석의 청혼 사실을 털어놓은 건 어윤희의 현명한 조언이 필요해서였다. 어윤희는 뜻밖에도 유우석과 조화벽의 인연에 무조건 반색했다. 유관순의 동생들을 여태껏 보살펴 준 사실에 마치 어머니인 것처럼 고마워했다. 사실 어윤희에게 있어 조화벽과 유우석의 결합은 단순한 남녀 문제가 아니었다. 평생 독립운동에 투신하기로 한 입장에서 연정은 사치스러운 감정이었다. 어윤희는 조화벽이 왜 유우석의 청혼을 받아들여야 하는지 말하기 전에 먼저 감옥살이를 함께한 유관순 이야기를 들려주었다.

다섯 자 여섯 치, 169.7cm. 유관순은 웬만한 장정 못지않은 큰 키였다. 17세 소녀라고 믿기 어려울 만큼 당당한 체구였다. 공주감옥소를 거쳐 서대문형무소로 이감될 때까지 온갖 고초를 겪었을 터인데도 불의에 굴하지 않겠다는 듯 유관순은 눈빛이 형형했다. 유관순은 누구도 정복할 수 없는 정신을 가진 그런 소녀였다.

유관순은 수시로 대한 독립 만세를 외쳤다. 감옥 안에서도 독립선언서 공약을 따르려 했다. 유관순이 만세를 부르면 다른 감방에서도 이에 호응했고 감옥은 일시에 열기에 휩싸이곤 했다. 그때마다 유관순은 여옥사 지하 감옥으로 끌려갔고, 발길로 채이고 모진 매를 맞았다. 유관순의 몸은 구타와 고문으로 점점 더 망가져 갔다. 동료들이 말려도 소용이 없었다. 죽기로 작정하고 만세를 부르는 것 같았다. 마치 부모님 곁으로 하루라도 빨리 가고 싶다는 듯이 몸을 돌보지 않고 만세를 불렀다. 다른 감방에 수감되어있던 이화학당 박인덕(朴仁德) 선생이 보다 못해 유관순에게 자제하라고 연통을 넣기도 했다. 만세 부르는 것도 좋으나 몸만 상하고 효과도 적으니 당분간 하지 말아라. 동지들의 신상에도 해가 될 수 있으니 만세를 그만 부르라고 할 정도였다.

서대문형무소로 오기 전 공주감옥소 여감방에 같이 수감됐던 할머니에게 들은 악담 때문에 유관순은 무척 괴로워하기도 했다. "조년이 너무 잘난 체하다가 제 부모 잡아먹고, 조년 하나 때문에 몇 고을이 쑥대밭이 되고, 몇십 명이 총칼에 목숨을 잃고……." 이런 원망의 말은 유관순의 마음을 갈기갈기 찢어놓았다. 해가 뜨면 뜨겁게 달아오르는 좁은 감옥 안에서 풍기는 땀과 오물 냄새, 고문과 폭력, 간수의 횡포와 짐승보다 못한 취급, 이런 것들보다 유관순은 그 말이 더욱 고통스러웠다고 했다.

유관순은 감옥에서 고향 사람들이 어떻게 됐는지 많이 걱정했다. 무엇보다 부모님도 돌아가셨는데 동생들도 아마 죽었을 거라며 눈물을 흘리기도 했다. 유관순은 이런저런 시름에 깊은 슬픔에 빠져 있을 때가 많았다. 그럴 때마다 어윤희는 유관순의 어깨를 토닥거리며 눈물을 닦아주었다. "누구라도 찾아와 소식을 전해주었으면, 동생들이 어떻게 되었는지 알려주었으면 얼마나 좋을까요." 유관순은 자주 가슴을 두드렸다. 하지만 유관순을 찾아오는 사람은 아무도 없었다. 한밤중 유관순의 흐느낌이 감옥을 울리기도 했다. 상처 입은 짐승처럼 울부짖는 유관순의 울음소리는 여옥사를 넘어 서대문형무소 전체를 울렸다.

유관순은 항상 허기에 시달렸다. 체격이 큰 데다 한창 식욕이

왕성한 청소년에게 굶어 죽지 않을 만큼만 주는 밥은 고통이 아닐 수 없었다. 게다가 감옥에서 문제를 일으킬 때마다 그나마 주던 짠지 두 쪽과 한 줌의 콩밥도 끊겼다. 굶주림은 유관순에게 또 다른 고문이었다. 자다가 일어나 앉아 배가 고파 잠을 잘 수 없다고도 했다. 어윤희는 금요일마다 금식 기도를 했다. 그때마다 유관순에게 밥을 양보했다. 금식 기도를 핑계로 유관순에게 밥 한 숟가락이라도 더 먹이려 했던 것이었다.

유관순이 사소한 일로 꼬투리를 잡혀 구타를 당하고 오는 날이면 어윤희는 유관순의 상처를 어루만지며 위로했다. 체격이 작은 어윤희가 유관순을 몸으로 품을 수는 없었지만, 마음으로 품고 안아주었다. 유관순에게 어윤희는 어머니와도 같은 존재였다.

유관순은 항상 허리를 감싸 안으며 괴로워했다. 병천에서 붙잡힐 때 칼에 찔린 것이 덧나 계속 고름이 흘러나왔다. 게다가 수시로 매를 맞고 고문을 당했으니 온몸이 상처투성이였으며, 성한 곳이라고는 어느 한 군데도 없었다. 다리를 천정에 끌어올려 비행기를 태우는 것은 말할 것도 없고, 물고문은 다반사였으니……. 이 대목에서 어윤희는 말을 잇지 못했다. 조화벽도 목이 메었다.

가족 걱정과 동네 사람 걱정, 외로움과 배고픔, 육체적 고통 속에서도 유관순은 소녀다운 따뜻한 감성과 순수성을 잃지 않았다. 구세군 사관 부인 엄명애(嚴明愛)는 임신 중에 만세 시위 주모자로 서대문형무소에 수감되었다. 만삭의 몸으로 여옥사 8호 감방에서 유관순과 함께 옥살이를 하다 출산이 임박해 일시 석방됐다. 엄명애는 출산 후, 갓난아기를 안고 다시 투옥됐다. 마침 동짓달이었다. 난방도 안 되는 감방 안에 기저귀를 빨아 널어놓으면 빼적빼적 얼기 일쑤였다. 아기에게 얼음장 같은 기저귀를 채울 수는 없었다. 유관순은 자기 몸에 언 기저귀를 둘둘 말고는 덜덜 떨면서도 말려주곤 했다. 유관순은 감방에서 무슨 일을 하든지 최선을 다해 열심히 했는데, 그것은 참마음에서 우러나오는 정성이었다며, 어윤희는 생전에 그런 사람을 다시는 보지 못할 것이라고도 했다.

1920년 4월 28일 왕세자 영친왕 이은(李垠)과 일본 왕실의 이본궁방자(梨本宮 方子, 나시모토노미야 마사코)의 결혼을 기하여 대사면령이 내려졌다. 이에 따라 유관순도 형기가 반으로 줄었고, 10월 초에 석방을 앞두고 있었다. 유관순보다 한 달 먼저 출감을 하게 된 어윤희는 무엇보다 유관순이 걱정이었다. 청상과부로 아이를 낳은 적은 없었지만 어윤희는 유관순을 딸처럼 아끼고 보살폈다. 유관순이 계절이 여섯 번 바뀔 동안 혹독한 감옥 생활을 견딜 수 있었던 건 어머니처럼 의지하던 어윤희의 힘이 컸다.

몸이 많이 아픈 유관순을 두고 나오려니 걸음이 떨어지지 않았다. 이를 악물고 어떻게든 버티라고, 꼭 살아서 다시 만나자고 유관순을 다독였다. 힘없이 축 늘어져 있던 유관순이 어렵게 몸을 일으키며 고개를 끄덕였다. 어윤희는 유관순이 혹여라도 삶의 의지를 놓아버리지 않기를 간절히 기도했다. 하지만 유관순은 어윤희가 출감하고 며칠 후 하늘나라로 떠났다.

어윤희 얘기를 듣던 조화벽은 손수건으로 눈물을 닦았다. 끝까지 뜻을 굽히지 않은 여학생의 기개가 대견했지만 그보다 어린 여학생이 홀로 감내해야 했을 외로움과 고통이 고스란히 전이됐다. 훼절도 변절도 없이 3·1 만세운동의 순수성을 간직한 채 산화한 어린 여학생. 유우석이 그녀의 오빠라는 사실이 새삼 다가왔다. 유관순이 눈을 감는 마지막 순간까지 안위를 걱정했던 그녀의 가족들. 조화벽은 유관순의 남겨진 가족들과 평생을 함께하는 것이 자신의 숙명일지 모르겠다는 생각이 문득 들었다. 유우석과의 혼인은 별개의 문제였다.

아니다. 어쩌면 조화벽은 애써 부정하고 있었지만, 여린 듯 강하고 아름다운 청년 유우석에게 마음 한 구석이 이미 기울어지고 있었는지도 모를 일이었다. 머리로는 유우석을 그저 아우일 뿐이라 여겼지만, 조화벽의 마음에는 어느새 어엿한 남자로 자리 잡고 있었는지도 모를 일이었다. 조화벽은 마침내 유우석과의 혼인을 결심했다. 그것은 단지 동지애나 모성애의 발로만은 아니었다. 어윤희와의 만남으로 그들의 결합이 앞당겨졌긴 했지만, 두 사람은 결국 혼인으로 묶일 수밖에 없는 천생의 연분이었다.

개성에서 조촐한 혼인식을 올리고 아들 유제충(柳濟忠)을 얻은 조화벽은 남편과 시동생 인석, 관석과 함께 친정인 양양으로 거처를 옮기기로 했다. 어린 아이를 키우고 두 시동생을 건사하면서 교직 생활을 하기에는 힘에 부쳤던 조화벽은 당분간 양양의 부모님에게 신세를 지기로 했다. 부모님이 마다하지는 않았지만 시동생을 줄줄이 데리고 친정살이를 하겠다고 하는 건 자식으로서 염치없는 일이었다. 조화벽이 비교적 경제적 여유가 있는 한양 조씨 집안의 무남독녀이었기에 가능한 일이기도 했다.

유우석과 그 형제들로서도 집안의 만세운동 이력을 왜곡하여 바라보는 고향보다 비교적 운신이 자유로운 양양이 그들의 상처를 치유하고 살아가기에 적합했다. 그리고 부모가 다 돌아가신 상황에서 고모가 살고 있는 양양은 유우석과 그 형제들에게 제2의 고향 같은 곳이었다. 조화벽이 당분간 친정에서 지내기로 마음먹었던 이유 중 하나였다.

조화벽은 세 남자를 데리고 양양에 도착했다. 조영순과 전미흠은 싫은 기색 없이 그들을 받아들였다. 혼인을 마다하던 딸의 마음을 바꾸게 한 유우석을 사위로 따뜻이 맞았다. 같은 감리교 교인 집안의 비극은 바로 자신의 당한 것과 마찬가지였기 때문에 그 동생들까지 거두는 데 어떤 거부감도 없었다. 부부에게는 졸지에 아들 셋이 생긴 셈이었다. 전미흠은 막내 동생 관석의 머리를 쓰다듬으며 뒤에서 머뭇거리던 인석의 손을 잡아 집안으로 들였다. 유우석은 조화벽과의 혼인으로 정신적으로나 생활면에서 안정을 찾았다. 동생들 걱정도 덜었다. 이미 저세상 사람일지라도 시부모가 된 유중권과 이소제(李少悌) 부부 그리고 유관순에게 조화벽은 구원의 여신이었을 게다.

조화벽이 고향에서 둘째 아들 유제덕(柳濟德)을 낳고 은거하던 어느 날 호수돈여학교 친구이면서 3·1운동에 동참했던 친구 김정숙이 혼인도 안 한 몸으로 아이를 낳아 안고 왔다. 파리한 얼굴로 김정숙은 아이 아빠가 자식을 모른 체 한다며 눈물을 떨구었다. 조혼한 본마누라와 곧 이혼을 하겠다는 말을 철석같이 믿고 기혼자와 연애를 하다 버림을 받은 것이었다. 조화벽은 강보에 싸인 아이를 안고 당장 앞장서라고 했다. 남자의 본가를 찾은 조화벽은 "본처를 몰아낼 생각도, 첩실로 들어앉을 의사도 없다. 하지만 자기가 한 행동에 책임을 져야 할 것 아니냐. 자기 자식을 나 몰라라 하는 건 인간의 도리가 아니다."라며 정연한 논리로써 당당하게 주장을 폈다. 결국 남자의 본가에서 사생아를 거두고 입적하도록 만들었다.

이 무렵 유우석은 양양에서 다시 아나키스트들과 조우하게 된다. 배재고보 시절 관심을 가졌던 아나키즘 사상에 대해 더 깊이 있게 알고 싶었다. 그는 안형근, 이동순, 김옥 등과 함께 아나키즘 사상 연구에 몰두했다. 유우석은 아나키즘이 다른 그 무엇보다 국가 권력을 폭력으로 보고 지배도, 억압도 없는 세상을 꿈꾸는 사상이라는 점에 끌렸다. 강제된 억압을 견디기 힘들었던 유우석에게 아나키즘은 일제 지배에서 풀려날 수 있는 구원의 사상이었다. 다만 양양에서 유우석은 아나키즘 사상 연구를 했을 뿐 적극적인 활동은 하지 않았다. 그러다 조화벽이 원산 진성여학교로 발령받아, 함께 원산으로 가면서 일대 전환을 맞게 된다.

8. 불타오르는 원산

그러나 집 잃은 내 몸이여,

바라건대는 우리에게 우리의 보습 대일 땅이 있었더면!

이처럼 떠돌으랴, 아침에 저물손에

새라 새로운 탄식을 얻으면서.

동이랴, 남북이랴,

내 몸은 떠나가니, 볼지어다,

희망의 반짝임은, 별빛의 아득임은,

물결뿐 떠올라라, 가슴에 팔 다리에.

— 김소월(1902~1934), 「바라건대는 우리에게 우리의 보습 대일 땅이 있었더면」 중에서

1926년. 조화벽이 진성여학교에 발령받은 그 무렵 원산에는 광복을 꿈꾸는 열정가들이 모여들었다. 당시 원산은 제국주의를 벗어날 수 있는 방법을 모색하기 위한 다양한 이념의 격전장이기도 했다. 민족주의와 사회주의와 아나키즘이 한 데 섞여 용광로처럼 끓고 있었다. 그들의 목적은 오직 하나 조국의 독립이었다. 그것을 실행하는 방법론이 달랐을 뿐이었다. 유우석은 아나키즘 사상 연구를 거쳐 아나키즘 운동가들과 깊이 교류하면서 '본능아연맹(本能兒聯盟)'이라는 아나키즘 단체를 조직하였는데, 그들은 원산청년회를 앞세워 사상 계몽 운동을 펼쳐나갔다.

원산은 군산과 함께 조선의 쌀을 헐값에 매입해 일본으로 수출하는 최대의 미곡 수출항이자 일본 상공인의 경제적 중심지였다. 그런 만큼 일본의 노동 착취와 민족 차별이 극심했던 지역이기도 했다. 조화벽 부부가 머물렀던 1920년대 후반은 독립운동의 방편으로 등장한 사회주의 계열과 아나키즘 계열이 원산청년회를 중심으로 활발하게 활동하고 있었다. 중국 아나키즘의 영향력이 컸던 원산은 아나키스트가 주도권을 거의 장악하고 있었다. 그러다 원산청년회의 주도권을 놓고 사회주의와 아나키즘 간 쟁탈전이 본격화되었다. 독립을 위한 열정이 충만했던 양자 간의 대립은 점점 고조되어 일촉즉발의 상황까지 이어졌다.

사회주의자들은 청년 운동의 단일 전선화가 이루어져야 한다고 주장했다. 이에 대해 아나키스트들은 청년 운동이 자주와 자치

그리고 자유 연합이 되어야 함을 역설했다. 사회주의 계열은 북풍회와 화요회 등 각 분파가 세력을 확장하면서 아나키스트와의 충돌은 불가피했다. 양측 사이에 3, 4년간 폭력 충돌과 비난 성명전이 지속되었고 급기야 살인 사건으로까지 비화되었다. 1927년 2월 10일 원산청년회 주최로 강연회가 열렸다. 이원희가 여성 참정권을 주장하는 연설을 하는 도중 아나키즘 계열의 김연창이 반론을 제시했다. 여성 참정권만으로 여성 해방이 가능하겠냐며 야유를 보냈다. 그러자 사회주의 계열의 김치련이 그를 밖으로 끌고 나가 폭행하였고 머리에 중상을 입혔다. 이 일로 유우석을 비롯한 본능아연맹 측이 원산청년회 발기인 장기욱(張基郁)을 찾아가 항의하고 돌아오는 길이었다. 폭력배로 가장한 사회주의자들의 기습 공격을 받고 난투극이 벌어졌다. 다수의 폭력배를 상대하던 유우석은 중상을 입고 원산구세병원에 입원했다. 그런데 공교롭게 싸움 상대였던 서수학이 사망하면서 유우석은 상해치사 혐의로 함흥지방법원으로 송치되었다. 병보석으로 풀려나기는 하였으나 3년형을 선고받았다.

유우석은 즉각 복심법원에 항고했고, 1928년 재판에서 정당방위를 인정받아 무죄가 선고됐다. 그 사건 이후 유우석은 아나키즘 핵심 인물로 경찰의 감시 대상이 됐다. 사상 사건이 일어날 때마다 수사 선상에 오르내리며 구금과 석방을 되풀이하게 된다. 그런 유우석의 옥바라지는 조화벽의 운명이기도 했다. 조화벽은 남편이 겪는 고난이 유씨 집안사람의 불의를 못 참는 올곧은 성격과 억압을 못 견디는 기질 때문이라고 여겼다. 유우석이 무엇보다 조선을 강점하고 억압하는 일본 제국주의에 대항하는 논리인 '반강권주의'에 끌린 건 이성적이라기보다 본능에 가깝다고 볼 수 있다.

한국의 아나키스트들은 일제 식민지라는 어두운 현실을 벗어나기 위해 1920년대 초반까지 독자 조직을 결성하거나 독자 노선을 고집하기보다는 다른 세력(사회주의자)과의 연대를 모색했다. 하지만 1920년대 유명한 '아나키즘 · 볼셰비키 논쟁'을 거치면서 아나키즘과 사회주의 두 세력 사이의 대립이 첨예해졌다. 논쟁은 사상 다툼을 넘어 서로의 존재를 부정하는 방향으로 치달았다. 대립 이후 결국 아나키스트는 사회주의와 완전히 등졌다.

당시 아나키즘 운동이 활성화됐던 이유 중 하나는 우리 민족의 전통과 연관이 있었다. 계와 향약, 두레, 품앗이처럼 마을 단위로 서로 돕고 보살피는 전통을 바탕으로 한 한민족의 이상적 공동체를 일제가 철저히 해체했지만 백성의 인식 밑바닥에는 상호부조의 물길이 마르지 않았기 때문일 게다. 아나키즘은 무정부주의라는 불온한 이름으로 일제의 탄압을 받았고 광복 이후에는 권력 지향적인 남북 어디에서도 환영받지 못했다. 아나키즘은 어느 이데올로기보다 평화를 원하는 사상이었으나 거대 국가 체제에서는 실현 불가능한 이념일지도 모른다.

유우석이 사회주의 세력과 갈등을 겪고 있던 그 무렵, 조화벽은 남편과는 다른 길을 걷고 있었다. 민족을 위한 길이라는 점은 같았지만 노선은 차이가 있었다. 굳건한 신앙심을 바탕으로 기독교 사회 활동을 멈추지 않았던 조화벽은 대다수 기독교계 여학교 출신이 걸었던 길을 걸었다. 아들 셋 모두 엄마 손이 한창 필요한 나이였지만, 조화벽은 교사의 의무를 수행하면서 원산여자기독교청년회(YWCA) 부회장을 맡는 등 기독교 사회 활동과 지역 사회 활동에도 적극적으로 참여했다.

항구 도시인 원산은 배를 타고 나가 일하는 승선원들이 많았다. 배운 것도 없고 고향을 떠나와 마땅히 의지할 곳 없는 그들은 스스로를 지키고 어려운 일을 당했을 때 상부상조하기 위해 '해원상구회(海員相求會)'라는 단체를 조직했다. 조화벽은 선부 집안도 아니면서 상구회의 부회장직을 기꺼이 맡았다. 그리고 고향을 떠나 타지에서 세를 살던 노동자의 집세 인하를 요구하는 운동에서도 실행위원으로 활동했다. 자신의 이해관계를 따지지 않고 어려운 사람을 돕는 일이라면 결코 마다하지 않았던 조화벽의 품성을 엿볼 수 있는 대목이다. 유우석이 이상적 사상 투쟁을 했다면, 조화벽은 구체적이고 실질적인 사회 활동을 한 셈이었다. 중국에서 활동하던 아나키스트처럼 무장 독립운동을 할 수 없었던 유우석이 선택한 길이 이념 투쟁이었다면 조화벽의 활동은 이념과 사상을 초월한 폭 넓은 사회 운동이었다.

조화벽이 원산에서 교사뿐 아니라 사회 활동을 활발하게 이어가던 1929년 1월, 역사적인 원산 총파업이 일어났다. 겨울부터 봄까지 이어진 노동자 총파업은 원산을 준전시 상태로 만들었다. 원산은 만주, 북한 지방의 곡물은 물론 함남 공업 지대의 상품과 목재를 동해를 거쳐 일본에 직송하는 동해안 최대의 수탈 항이었다. 조선 비료공장이 있는 공업 도시 함흥과 공단이 형성된 흥남과 더불어 노조와 농민조합 운동이 활발했던 진보 지대였으며, 외국인의 별장 지역인 아름다운 명사십리 해변이 펼쳐진 갈마반도는 뜨거운 항쟁의 땅이기도 했다.

1929년 1월부터 4월까지 약 90일간 지속되었던 원산 총파업은 일제 식민지하에서 발생한 최대 규모의 파업이었다. 당시 참여한 인원이 3,000여 명으로 원산의 모든 노동자가 참여한 파업이었다. 이를 계기로 일제의 노동 정책과 국내 노동 운동의 활동 방식 및 노선이 크게 변하게 됐다는 점에서 원산 총파업은 역사적으로 중요한 사건이었다.

직접적인 발단은 1928년 9월 원산 인근의 문평 제유공장에서 발생했다. 이 공장의 일본인 감독이 조선인 노동자에게 욕설과 횡포를 일삼았고, 이에 대한 원성이 자자했다. 9월 7일 급기야 조선인

노동자 구타 사건까지 발생했다. 분노한 노동자들이 일본인 감독의 파면을 요구하고 더불어 노동 조건에 대한 교섭을 회사에 요구했다. 사측이 이를 거부하자 문평 제유노조는 원산노동연합회 지도 아래 파업을 단행했다. 사측은 일체의 노동 단체를 인정하지 않는다며 단체 교섭을 거부했다. 이를 보고받은 원산노동연합회는 문평 제유노조 및 원산 부두 노동자와 문평 운송노동조합과 연합하여 1929년 1월 14일을 기해 파업을 선언하였고, 이후 원산 전역으로 파업 투쟁이 확산되었다.

일제는 일본인 자본가 집단인 원산상업회의소의 조직력을 동원하여 파업에 맞섰다. 그들은 임금 인상과 노동 조건 개선을 내걸고 투쟁하는 원산노동연합회 파괴 공작을 펴나갔다. 일제와 자본가의 노조 파괴 작업은 치밀하고 강도 높게 이루어졌다. 당시 원산은 그야말로 계엄 분위기였다. 경찰은 모든 집회와 선전물 배포를 금지하였고 요소요소에 소방대원과 의협단을 배치했다. 훈련이라는 명목 아래 군대까지 출동시켜 위협적 분위기를 연출하기도 했다. 증파된 무장 경찰과 기마경찰이 거리를 돌아다니며 당장이라도 총을 쏠 듯한 살풍경을 연출하고, 300여 명의 경찰이 노동연합회 회원의 가정을 일일이 방문하면서 공포감을 조성했지만, 투쟁의 열기는 좀처럼 식지 않았다.

파업이 장기화되고 파업 노동자들의 생계가 어려워지자 노동자연합에서 생계 지원에 나섰다. 양식이 배급됐다. 전국 각지의 노동연합, 청년 단체, 농민 단체에서도 물심양면으로 후원을 아끼지 않았다. 하지만 가난한 노동자의 지원에는 한계가 있었다. 투쟁 자금이 점점 고갈되면서 노동자와 그 가족은 어쩔 수 없이 굶주림에 시달렸고, 끝내 노동자들은 결국 파업을 중단할 수밖에 없었다.

원산 총파업은 실패하였지만, 1930년대 노동 운동에 큰 영향을 미쳤다. 원산 총파업은 일제하에서 합법적인 투쟁이 얼마나 어려운가를 전 민족에게 보여주었다. 원산 총파업의 실패는 이후 노동 운동은 물론 독립운동에 있어서도 비합법적인 투쟁의 계기가 되기도 하였다. 그런 까닭에 원산 총파업은 한국의 노동 운동사뿐 아니라 반일 운동 및 민족 독립운동사에 한 획을 긋는 사건이었다.

원산 총파업이 일어난 1929년부터 대중 운동이 더욱 활발해졌다. 11월에 일어난 '광주학생운동'은 대중 운동의 열기를 더욱 고조시켰다. 광주에서 시작된 학생들의 반일 시위운동은 빠른 속도로 전국 각지로 퍼져나갔다. 도시는 물론 농촌에서도 학교가 있는 곳이라면 학생 운동이 전개되었다. 특히 주목할 만한 점은 1930년 1월 서울에서 일어난 학생 시위였다. '여학생 만세운동'이라고 불릴 정도로 여학생들의 주도와 적극적인 참여로 이루어졌다. 이는 3·1운동 당시 시위의 물꼬를 텄던 조화벽과 같은 여학생 선배의 뜻을 여학생 후배들이 계속 이어갔다는 의미이기도 했다.

한편 양양에서는 신간회(新幹會)가 결성되고 그 활동이 활발했다. 양양의 경우 만세운동이 크게 일어났던 곳이라 일제의 입장에서는 어느 지역보다 친일의 필요성이 절실한 곳이었다. 지방 유력자를 식민지 지배의 한 축으로 포섭하기 위해 일제는 거부하기 힘든 달콤한 미끼를 던지기도 했다. 하지만 한양 조씨로 부농이었던 조영순은 물론, 함평 이씨, 전주 이씨 집안도 일제가 내린 벼슬을 받은 사람은 없었다. 오히려 좌우 합작으로 신간회를 결성해 새로운 민족 독립의 길을 모색했다. 3·1 운동의 선봉에 섰던 기존 세력과 청년층이 신간회 활동에 적극적으로 나섰다.

신간회의 결성은 1926년 융희황제 순종의 승하가 계기가 되었다. 순종 인산일(因山日, 장례일)인 6월 10일을 기해 3·1 운동과 같은 대규모 독립만세운동을 계획했지만 사전에 발각되었다. 시작도 하기 전에 거사는 수포로 돌아갔다. 인쇄된 격문은 압수되고 전국적으로 관련된 인사들이 검거됐다. 다만 서울의 학생 중심으로 대대적 반일 시위가 일어났다. 서울의 상인들도 철시 투쟁으로 적극 호응했다. 하지만 당초 계획했던 전국적 대규모 시위를 이루지 못하고 산발적 소규모 시위에 그쳤다.

1920년대는 자연스럽게 민족주의와 시회주의 세력이 경쟁하면서 일제 식민지 정책에 저항했다. 6·10 만세운동은 그 준비 과정에서 그동안 대립하던 민족주의 계열과 사회주의 계열의 통합과 연대의 필요성이 강력히 제기됐다. 이러한 자각은 민족 협동 전선으로써 신간회를 결성하는 데 결정적 작용을 했다. 신간회는 1927년 창립되어 1931년 해체될 때까지 두 세력이 독립이라는 하나의 목적을 위해 서로 이해득실을 따지지 않고 하나가 되어 활발한 활동을 펼쳤다.

신간회는 영동 지방에 3개 지회가 설립되었다. 시작은 양양지회가 가장 빨랐다. 이는 양양 지역이 여타 지역보다 '민족 단일당'에 대한 인식이 앞서 있었다는 증거였다. 신간회 양양지회 임원진은 이석범처럼 지역 명망가가 상층부를 담당했다. 김필선 같은 젊은 사회주의자들은 실무진이었다. 양양은 관북 지역과 지리적으로 가까운 관계로 사회주의를 일찍 수용했다. 양양 지역에서 3·1운동을 주도했던 청년들이 독립운동의 일환으로 사회주의를 받아들이면서 신간회 결성을 주도했다. 좌우 합작은 신구 세력이 하나의 목표를 위해 연합한 3·1 운동 정신과 일맥상통한 것이니, 신간회 정신은 백 년이 지난 현재에도 유효하다 하겠다.

신간회 양양지회는 조직 확대를 위해 분회를 설치했다. 이는 신간회 활동이 매우 활성화되어 있었다는 의미다. 지역 활동뿐 아니라 대외 활동도 다양했다. 양양지회는 지역을 넘어 전국적으로 이슈화되었던 문제에 대해서도 적극 참여해 목소리를 냈다. 1920년대 후반부터 1930년대 초반까지 양양 지역은 농민조합 운동이 활발했다.

일제하 민족 해방 운동사에서 사회주의 운동이 차지하는 비중은 매우 컸다. 사회주의 운동은 노동자, 농민 등 기층민의 이해를 대변하며 1920년대 중반 이후 국내외 민족 해방 운동을 사실상 주도했다고 볼 수 있다. 농민층에 의해 이루어진 농민조합 운동은 단순한 농민 운동이 아니라 각 지역 사회의 민족 독립운동을 지도하는 위치에서 운동을 전개했다. 원산 총파업이 일어났을 때 양양 농민조합도 적극 지지에 나섰으며 파업 후원금을 보내는 한편 직접 참여를 위해 원산으로 떠난 사람도 있었다.

강원도 내에서 3·1 운동이 대대적으로 일어났던 양양 지역이었기에 농민조합에 참여한 인물도 대부분이 3·1 운동 참가자였다. 양양 지역은 통천, 고성, 강릉, 삼척, 울진 등을 축으로 하는 영동 지방 사회 운동의 중심지였다. 농민조합의 경우도 전국적으로 비교하여 비교적 이른 시기인 1927년에 조직됐다는 걸 볼 때 양양이 사회 운동의 선진적 지역임을 알 수 있다.

양양은 육만 칠천 명의 주민 중 일본인이 135명이었다. 그런데 이 소수의 일본인에 의해 경제가 좌지우지될 정도로 지역 경제에서 일본인이 차지하는 비중은 상당히 높았다. 그리고 기존의 지배층이었던 유림의 토지 점유도 적지 않았다. 그들 가운데 일부는 3·1 운동에 주도적으로 참가했지만 여전히 지역 사회의 지배층으로서 영향력을 행사했다. 이들 일본인의 조계지나 유림의 향교지에서 소작하던 농민 수가 전체 소작인 수의 12.8%에 해당할 정도였다. 양양은 제국주의와 봉건주의에 맞서 농민의 생존권을 지키고자 하는 운동 조건을 충분히 갖추고 있었다.

당시 양양 지역 대부분의 농민들이 사회주의자였다고 해도 과언이 아니다. 소비에트의 빈농 우위 정책에도 불구하고 부농이든 자작농이든 소작농이든 농민이라는 이름으로 농민조합 운동에 적극 참여했다. 1930년대에 일반적으로 적용된 '농민조합원에서 부농을 배제하는 법칙'이 양양에서는 유연하게 적용됐다. 3·1운동에 선봉에 섰던 노병례나 1932년 양양 농민조합 궤멸 후 양양 적색노동조합을 조직했던 추교철도 이름난 부농이었다.

이는 양양 지역 농민 운동이 지주를 제외하면 조선 사람 모두 일제의 수탈 대상이라는 인식에서 출발했으며 일제에 항거하는 독립 투쟁의 일환으로 농민 운동을 전개했음을 보여주는 대목이다. 양양 농민조합 운동은 표면적으로는 지주에 대항했지만 실제로는 항일 투쟁과 국권 회복을 위한 운동 차원에서 전개된 범농민적, 범계층적 운동이었다.

청년 운동과 서로 공존하며 전개했던 양양의 농민조합 운동은 1932년 일제에 의해 700명에 이르는 조합원이 체포될 만큼 악덕 지주와 일제에 항거한 광범위한 농민 운동이었음에도 불구하고 사회주의를 지향하는 '적색 농민조합 운동'이라는 이유로 제대로 된 평가를 받지 못했다.

동맹 파업으로 들끓던 원산에서 조화벽은 부두 노동자들과 고난을 함께했다. 기독교 청년회와 해원상구회를 통해 노동자들에게 도움이 되는 일을 찾아다녔다. 다만 사회주의 계열이 주도한 파업이었기에 아나키즘을 통해 식민지 탈출을 도모하려던 유우석은 간여하지 않았다. 그런데도 경찰은 유우석 또한 원산 총파업에 깊이 연루되어 있다고 보았다. 서대문 경찰서 고등계에 끌려간 유우석은 엄중 취조를 받았으며, 다시금 요시찰 인물로 낙인이 찍혔다.

가는 곳마다 일경이 따라다니는 통에 유우석은 숨통이 턱턱 막혔다. 유우석은 잠시 가족을 떠나 감시의 눈길이 미치지 못하는 곳으로 떠나고자 했다. 어떤 식으로든 억압당하는 걸 못 참는 남편의 성격을 잘 아는 터라 조화벽은 그렇다면 자기는 부모님이 있는 고향으로 내려가겠다고 했다. 원래 원산을 그리 좋아하지 않았던 조화벽은 양양 농촌마을이 항시 그리웠다. 게다가 점점 심해지는 일제의 노예로 만드는 식민지 교육에도 염증을 느끼고 있던 참이었다.

1911년 공포된 조선 교육령은 조선의 상황과 일제의 정책 방향에 따라 모두 4차에 걸쳐 개정되었다. 조선 교육령에는 일제 36년 식민 통치의 발자취가 고스란히 반영되어 있다. 그 방향 및 취지는 이렇다. '학제는 단순하고 과정은 간단하게.' 오로지 실용에 적합한 교육이 기본 방향이었다. 또한 일본인 선생이 학교 경영과 교수를 담당하도록 했다. 이는 근본적으로 애국 민족 교육을 원천 봉쇄하고 민족 고유 정신을 말살하는 교육이었다. 일제하 공교육 목표는 주체적으로 생각할 수 없는 인간과 실업 위주 식민지 지배 보조자를 양성하는 데 있었다.

그동안 교육 구국 운동, 애국 계몽 운동의 중심은 사립학교였다. 통감부 설치 전후 삼 천여 개에 달하던 사립학교는 민족주의 배양의 원천이었다. 조화벽이 졸업한 호수돈여학교도, 교사로 부임한 영명학교, 루씨여학교도 민족주의를 배양하는 사립학교였다. 하지만 공교육이 확대되면서 학교는 점점 식민지 지배를 위한 도구가 되어갔다. 일제는 공립학교뿐 아니라 민족 교육 본산이었던 사립학교에서도 일본 정신을 주입시키고 일본의 우수성을 가르치도록 강요했다. 조화벽은 교사로서 교육에 대한 회의감으로 괴로워했다. 일제에 협력하는 교육에 더 이상 복무할 의욕을 잃고 있을 때 전국적으로 '브나로드 운동'이 일어났다.

"배우자. 가르치자. 다 함께."라는 구호를 내세운 브나로드 운동은 1930년대 초반에 일어난 민중 계몽 운동이다. '민중 속으로'라는 의미의 브나로드는 19세기 러시아 차르 체제 말기에 젊은 지식인층에서 벌인 농촌 계몽 운동이었다. 이미 1920년대부터 지식인 계층과 종교계에서 농민을 상대로 한 계몽 운동으로 진행되었는데, 1931년 동아일보사가 주축이 되어 본격적인 범국민 운동으로 진행되었고, 학생들을 중심으로 전국적으로 퍼져나갔다.

1926년 6·10만세운동, 1929년 원산 총파업과 광주학생운동 이후 일제의 탄압이 더욱 강도가 세졌다. 기존 방식의 독립운동과 학생 운동이 어렵게 되자 항일의 돌파구를 찾기 위해 방향을 전환한 것이 바로 민중 계몽 운동이었다. 방학 기간 동안 학생들은 농촌으로 내려가 야학을 열었다. 어린이부터 성인까지 문맹 퇴치를 위해 한글과 산수를 가르치고 위생 교육도 하면서 은밀하게 시국 강연도 병행했다.

이를 지켜보던 일제는 학생들이 한글을 가르치는 사실에 주목했다. 한글 가르치기를 민족 운동을 위한 방편으로 판단한 일제는 일시적으로 용인했던 운동을 다시 탄압하기 시작했다. 일제의 탄압에 더하여 국가적 지원이 전혀 없는 상황에서 학생들만의 힘으로는 더 이상 전국적인 진행은 어려웠다. 브나로드 운동은 비록 4년 만에 공식적인 막은 내렸지만, 지식인층의 민중 계몽 운동 전통은 민간에 계승되었고 후대에도 지속적인 영향을 미쳤다.

조화벽은 학생들 사이에서 진행됐던 야학에 깊은 관심을 가졌다. 일제에 협력하는 교육보다 형편이 어려운 아이들을 모아 야학을 운영하는 게 훨씬 보람된 일일 것 같아서였다. 방학에만 열리는 일시적, 제한적 교육이 아니라 항시적이고 지속적인 야학 설립을 계획하고 구체화했다. 조화벽이 양양으로 내려가 야학을 열기로 한 이유 중 하나는 특히 1931년 만주 사변 후 달라진 교육 풍토였다. 학교 안에서 교사나 학생이 모두 일본어만 써야 했고, 학생은 송장처럼 나무로 만든 통처럼 가만히 앉아 교사가 말하는 걸 무조건 받아 적기만 했다. 질문을 허락하지 않는, 질문이 필요하지도 않은 일방적인 주입식 교육이었다. 아이들의 독창적 생각을 키우거나 창의성을 개발하는 일에는 애초부터 염두에 없었다. 그저 일본어 보급과 일본 정신을 머릿속에 집어넣는 데에만 급급했을 뿐이었다. 사립학교는 공립학교보다는 덜했다고 하지만 일제의 간섭은 점점 더 심해지고 있었다.

마침 유우석은 고등경찰의 끈질긴 감시를 피해 집을 떠나 있던 상황이었다. 어린 아들 셋을 홀로 키우는 것도 힘에 부쳤다. 학교를 그만두고 야학을 운영하려면 우선 경제적 토대가 마련되어야 했다. 아버지 조영순 장로에게 먼저 의논을 했다. 야학을 설립할 정도의 비용은 마련할 수 있으니 아이들을 데리고 고향으로 내려오라고 했다. 조화벽은 짐을 꾸려 원산항에서 배를 탔다. 일곱 살, 다섯 살, 세 살 먹은 아들 삼형제를 등에 업고 팔에 안은 채 조화벽은 방금 떠나온 원산을 바라보았다. 뜨거웠던 항쟁의 땅 원산이 조금씩 멀어지고 있었다. 조화벽은 여전히 드센 바람이 불고 있는 대포항에 내렸다. 항구에 마중 나온 인석과 관석이 짐을 나눠 졌다. 이제 어엿한 청년이 된 두 시동생의 등이 믿음직했다.

9. 시련과 희망

어머니,

당신은 그 먼 나라를 알으십니까?

산비탈 넌지시 타고 내려오면

양지밭에 흰 염소 한가히 풀 뜯고,

길 솟는 옥수수밭에 해는 저물어 저물어

먼 바다 물 소리 구슬피 들려 오는

아무도 살지 않는 그 먼 나라를 알으십니까?

어머니, 부디 잊지 마셔요.

그 때 우리는 어린 양을 몰고 돌아옵시다.

— 신석정(1907~1974), 「그 먼 나라를 알으십니까」 중에서

양양으로 내려온 조화벽은 야학 설립을 서둘렀다. 성내리교회에서 부속 건물을 임시 학교로 쓰도록 배려해 주었다. 먹고사는 것이 힘들어 자식들을 학교에 보낼 여력이 없었던 교인들이 먼저 관심을 가졌다. 학교 가는 동무를 부러운 눈길로 쳐다보기만 했던 아이가 부모를 졸라 학교에 오기도 했다. 농민의 자식들이 대부분이었지만, 기생의 딸도 있었고 포수의 아들도 있었다. 조화벽은 아이들에게 우선 살아가는 데 가장 기본이 되는 것부터 가르쳤다. 한글을 가르치고 셈법을 익히도록 했다. 아이들은 그 외에 성경 공부도 하고 창가도 배웠다.

입가에 하얗게 버짐이 피었지만, 아이들의 눈망울은 무척이나 초롱초롱했다. 교육에 뜻이 있는 젊은 선생들도 도움을 주었다. 첫 졸업식 날 조화벽과 조영순 장로는 아이들과 기념 촬영을 했다. 여학생과 남학생의 비율이 비슷했는데, 여성 교육에 특히 열성적이었던 조화벽의 교육관을 상징적으로 보여준 장면이었다. 검정 두루마기를 입은 아버지와 저고리 기장이 긴 한복을 입은 딸, 사진 속 부녀의 모습은 관용과 위엄과 품격을 갖춘 조선인을 대표하는 모습이었다.

일제가 분석한 한국인의 특성은 대부분 부정적이었다. 그런데 그중에 유독 긍정적인 부분이 있었다. 바로 조선인의 용모와 태도에 대한 것이었다. "조선인의 행동거지에는 여유가 있고 온화하며 봄바람 같은 기상이 있다. 신경질, 신랄함, 초조함이 없으며 찬찬

하고 위엄이 있다." 이는 일본인에게서 찾아볼 수 없는, 유장함이 인격화된 조선인의 민족적 특질이라고 분석했다. 비록 그 점 때문에 계산 빠르고 바지런하고 탐욕스러운 일제에게 나라를 빼앗겼을지 모르지만, 우리 민족성의 근간인 '기상과 위엄'을 다시금 새겨보았으면 하는 바람도 크다.

1931년 일제는 만주 사변에서 승리했다. 항일 운동 거점 지역이기도 했던 만주가 일제에 넘어감으로써 조선인들은 좌절했다. 조선이 상대하기에 일본의 힘이 너무 거대해졌다고 느끼는 사람이 늘기 시작했다. 한일 병탄 이후 20년이 지나면서 이제 친일 이외에는 다른 방법이 없다고 생각하는 사람들도 늘어나고 있었다.

그런 상황에서 유우석은 집을 떠나 함흥, 단천 등지에서 동지를 규합하여 항일 운동을 하던 중 또 다시 구금됐다. 유우석에게 독립운동 외에 다른 삶의 방식은 없었다. 가족을 돌보며 일신의 안녕을 도모하는 일이 그에게는 수치스러운 일이었으며, 그의 양심이 결코 허락하지 않았다. 독립운동을 하는 사람과 친일파는 유전자가 달랐다. 친일의 길로 간 사람은 결국에는 자신의 안위와 안정된 가정, 자손에게 부를 물려주고자 하는 욕구가 강했거나, 욕구를 이기지 못한 사람이다. 민족의 입장에서는 반역자이지만, 가족에게는 유능한 가장이었다.

친미에서 친러로, 친러에서 다시 친일로 변신했던 이완용처럼 친일파는 신념이 아니라 강한 쪽에 붙어야 안심이 되는, 두려움 앞에서 오금을 저리는 겁쟁이들일 뿐이다. 그렇다면 오히려 친강파나 친권력파로 불리는 게 더 합당하지 않을까. 이러한 친일파와 달리 독립운동가는 대의에 목숨을 건 사람들이었다. 두렵지만 두려움마저 이겨내는 신념을 지닌, 그래서 진정 용감한 사람들이었다. 민족과 국가가 존재하는 한 추앙받아 마땅한 독립운동가들이지만 가장으로서는 스스로 의도적으로 무능하고 무책임할 수밖에 없었다.

유우석이 자신의 신념에 충실할 때 가장 노릇은 언제나 조화벽 몫이었다. 조화벽은 시동생 인석, 관석과 함께 농사를 짓고 길쌈도 했다. 야학을 운영하고, 아이를 키우고, 부모님을 봉양했다. 유우석이 거센 풍랑 속의 배였다면, 조화벽은 흔들림 없는 땅에 굳건히 버티고 있는 등대였다. 폭풍우에 만신창이가 된 배는 그 불빛을 보고 항구로 다시 돌아오곤 했다.

당시 신교육을 받은 여성들은 세 부류로 분류할 수 있다. 첫 번째는 나혜석(羅蕙錫)처럼 자유연애와 여성의 정조 문제를 쟁점화하려 했던 급진적 자유주의 신여성이고, 두 번째는 허정숙(許貞淑)이나 주세죽(朱世竹) 등 민족과 계급을 중시한 맑스주의 신여성이고, 세 번째는 김활란(金活蘭)처럼 일부일처제를 강조하고 축첩 제도 같은 봉건 질서에 대해 비판적이면서도 유교적 가부장제 자체를 부정하지 않은 기독교 계열 신여성이었다. 이러한 차이점에도 불구하고 신여성은 여성의 자각을 바탕으로 민족 계몽 활동을 중시한다는 공통점을 지니고 있었다. 신여성이 여성 단체를 만들어 여성 해방과 민족 해방을 위해 다양한 활동을 벌일 수 있었던 이유였다. 그 활동의 정점에 여성계 통일 전선체로 1927년에 출발한 근우회(槿友會)가 있었다.

기독교 계열 신여성이었던 조화벽은 결혼 후에는 유우석을 가장으로 받들며 그 뜻을 따르고자 했다. 조화벽 같은 경우는 유교적 가부장제 아래서 교육을 통해 지역 사회 계몽 운동을 활발하게 한 경우였다. 조화벽은 중앙 조직인 근우회에 참여하고 자신이 몸담고 있는 향촌에서 묵묵히 자기 할 일을 성실히 수행했다.

구금에서 풀려나 양양으로 돌아온 유우석은 건강이 좋지 않았다. 몸을 겨우 추스르자 그는 다시 유관순과 아우내 만세 시위를 주동했던 조카 유제경(柳濟敬)과 함께 양양, 고성, 강릉 등을 거점으로 '설악회'라는 조직을 결성했다. 점차 힘을 잃어가는 국내 항일 조직을 규합하기 위해 동해안을 중심으로 조직원을 늘려가던 그는 또 다시 일경에 체포되었고, 모진 옥살이 끝에 석방이 되었을 때는 온몸이 만신창이가 되어 있었다. 조화벽은 시부모와 시누이에 이어 남편마저 저세상으로 갈 것만 같았다.

1936년 여름, 이리 뜯기고 저리 뜯겨 가뜩이나 먹고살기 힘든 양양 지역에 큰 시련이 닥쳤다. 역사적으로 기록될 만한 대홍수가 양양을 휩쓸었다. 사흘 밤낮을 내린 장대비는 동해로 빠져나가지 못하고 범람했다. 양양 일대가 바다가 되었다. 가축이 떠내려가고 논밭이 사라지고 484명에 이르는 사람이 목숨을 잃었다. 살아남은 사람은 하늘의 무심함에 통곡했다. 그래도 살아야 했다. 남정네들은 사라진 집터에 움막을 치고 아낙들은 호미를 잡았다. 그래도 벌거벗은 아이들은 뛰어놀았다.

1936년은 조선 사상범 보호관찰령이 공포된 해이기도 하다. 독립운동의 씨를 말리려고 제정한 법령은 1937년 '수양동우회 사건'에 적용됐다. 국내 독립운동을 완전히 무너뜨리려고 작정한 일제는 관련된 유명 인사들을 모두 체포했다. 고문이 얼마나 악랄했던지 취조 도중 죽거나 불구가 된 이도 있었다. 연이어 일어난 '흥업구락부 사건'은 사회적 영향력이 있는 민족 지도층이 고문과 더불어 행해진 온갖 협박, 회유에 넘어가 줄줄이 친일의 길에 들어서게 만든 사건으로 영동 지역에도 영향을 미쳤다. 일경은 끊임없이 문제를 일으키는 유우석을 그대로 두고 보지 않았다. 강릉에서 불령선인으로 체포된 유우석은 구체적 범법 사유도 없이 목숨을 잃을 만큼 지독한 고문을 당했다. 그동안 수없이 당했던 취조와는 강도가 다른 지독한 폭력이었다.

조화벽은 눈이 퉁퉁 붓고 입이 터진 채 배를 움켜잡고 걸음을 겨우 떼는 남편을 시동생과 부축해 집으로 왔다. 옷을 벗기니 온몸은 시커멓게 피멍이 들어 있었다. 입이 헐고 터져 물 한 모금 넘기기도 쉽지 않았다. 자면서도 비명을 질렀다. 조화벽은 원통하고 절통했다. 남편이 죽도록 맞아야 하는 이유가 '내 나라를 찾겠다는 일념으로 몸을 아끼지 않아서'라는 사실이 새삼 기가 막혔다. 조화벽은 남편이 하는 일을 막은 적이 없었다. 오히려 자신이 직접 나서지 못하는 상황이 안타까울 뿐이었다. 생계를 책임지며 남편이 뜻을 펴도록 북돋는 게 자신의 일이라 여겼다. 하지만 목숨을 위협하는 무모한 일을 이제 그만두라고 하고 싶었다.

조선인의 민족 독립운동에 대한 일제의 폭력적 탄압은 특히 악법 중 악법이라고 할 수 있는 '치안유지법'에 의해 이루어졌다. 일제의 대표적 악법인 치안유지법은 집회와 결사의 자유, 사상과 양심의 자유를 철저하게 금지시키는 데 이용되었다.

똑같은 치안유지법이라 해도 그 법을 적용하는 데 있어서 일본과 조선 사이에는 현격한 차이가 있었다. 일본에서는 1945년까지 치안유지법으로 사형 판결을 받은 사람이 단 한 명뿐인데 비해 조선에서는 일일이 열거하기 어려울 정도로 많은 독립운동가들이 국가의 치안을 어지럽혔다는 죄목으로 사형 판결을 받았다. 수많은 사상범을 만들어 낸 치안유지법은 사회주의 운동가와 민족주의 운동가, 아나키스트 등 독립운동가들에 대한 탄압이 주된 목표였다. 일제는 각계각층의 밀정을 이용해 촘촘한 그물을 던져 수

많은 사상범과 독립투사를 잡아들였다.

사상범에겐 자백이 유일한 증거였다. 대부분 조작된 혐의는 막연했다. 경찰이 얻고자 하는 자백을 받기 위해 사상범에게 온갖 고문이 이루어졌다. 가장 효율적인 수사 기법인 고문은 악랄하기 이를 데 없었다. 그 결과 검찰에 송치되기 전이나 재판이 진행되는 과정에서 고문으로 목숨을 잃는 사상가와 독립운동가가 적지 않았다. 살아남았다 해도 고문 후유증으로 사경을 헤맨 독립운동가도 부지기수였다. 취조실은 그야말로 도살장이었고, 도살자와의 처참한 투쟁의 장이었다. 독립운동이 일신의 안위를 떠나 목숨을 건 일이었다는 것을 증명하는 건 일제의 고문만으로도 충분했다.

삼십 대 후반의 유우석은 그 일로 갱신하지 못할 정도로 몸이 많이 상했다. 무슨 일이든 다시 도모하려면 많은 시간이 필요했다. 무엇보다 경찰이 더 이상 유우석의 그 어떤 활동도 용인하지 않았다. 감시의 그물망은 더욱 질기고 촘촘해졌다. 조화벽은 당분간 몸을 추스르고 사태를 관망하자며 남편을 다독였다. 유우석은 울화가 치미는지 자주 가슴을 두드렸다.

제1차 세계대전이 끝난 뒤 유럽 국가들과 경쟁이 치열해지면서 일본 경기는 악화됐다. 1929년 시작된 세계 대공황이 일본을 덮치면서 실업자가 늘어나고 농민도 경제적으로 많은 어려움을 겪게 되었다. 대외적으로는 우방이었던 미국과 영국은 중국 시장을 놓고 경쟁하면서 관계가 틀어지기 시작했다. 미국, 영국, 프랑스 등 많은 식민지를 가진 선진 자본주의 국가에 비해 식민지가 적은 독일이나 일본과 같은 나라의 경제 사정은 더 나빠졌다.

국제적으로 고립되어 가고 있던 일본은 유럽에서 미국, 영국 중심의 국제 질서에 반기를 들며 등장한 독일 나치 정권과 이탈리아 무솔리니 정권에 접근했다. 대내외적 정세 속에서 영향력이 더욱 커진 일본 군부는 자국의 경제 위기 극복이라는 명분으로 보다 적극적인 대외 침략에 나섰다. 1931년 만주에 이어 1937년 중국 본토로 침략을 계속 확대해 갔다. 일본은 이러한 침략 전쟁을 합리화하기 위해 전쟁 목적이 일본과 중국, 만주국의 협력에 의한 '동아 신질서 건설'에 있다고 선전했다.

1937년 7월 군국주의 체제가 된 일본은 중일 전쟁을 일으켰다. 일본은 군수품의 원만한 조달을 위해 국가 경제 활동과 국민 생활을 전면 통제할 수 있는 법령을 만들었다. '국가총동원법'이 그것이다. 일제는 그에 기초해 조선의 자원과 물자를 동원하고 노동력 수탈을 가속화했다. 정치적으로도 국민들을 단일한 사상과 목표를 가지고 생활하도록 통제하고 억압하는 전체주의 체제를 구축해 나갔다. 독립운동가가 설 자리는 점점 더 좁아졌고 곳곳에 밀정이 판을 쳤다. 온 나라가 숨을 곳도 피할 곳도 없는 파놉티콘 같은 감옥이 되었다.

1936년부터 전개한 황국 신민화 정책은 그 전면에 '내선일체론(內鮮一體論)'을 내세웠다. 일본과 조선은 하나라는 내선일체론의 최종 목표는 조건 없이 천황을 위해 죽을 수 있는 조선인을 만드는 데 있었다. 중국 침략을 확대하면서 일본인만으로 전쟁을 치르기에는 힘에 부쳤기 때문에 조선인을 수월하게 동원하는 데 그 목적이 있었다.

학교에서는 귀에 못이 박히도록 일본과 조선은 하나임을 강조했다. 마을마다 '내선일체'라고 쓴 포스터를 붙이거나 팻말을 세웠다. 일상생활에서 내선일체를 실행하기 위해 하루에 한 번 정오에 하던 일을 중단하고 일본 천황이 있는 도쿄를 향해 허리를 깊숙이 숙여야 했다. 모든 학생들은 날마다 운동장에 모여 일본 황궁이 있는 동쪽을 향해 절을 하며 '황국신민서사(皇國臣民誓詞)'를 외워야 했다. 심지어 결혼식 때도 신랑 신부는 물론 모든 하객이 일어서서 "우리는 황국 신민이다"를 외우며 시작했다.

행인이 많은 곳에는 영락없이 순사가 지키고 있다가 황국신민서사를 외우게 했다. 못 외우면 갈 길을 막거나 잡아가기도 했다. 배급을 줄 때도 마찬가지였다. 일본어 발음에 익숙지 않은 사람은 우리 식으로 바꿔 얼버무리고 넘어가기도 했다.

그런 참담한 상황 속에서 야학인 정명학원만은 예외였다. 황궁쪽으로 머리를 숙이라고 강요하지 않았다. "우리는 마음을 합해 천황 폐하에게 충의를 다한다"는 억지 맹세를 입에 올리지 않아도 되었다. 정명학원에서 조화벽은 호랑이 선생님으로 불렸다. 군국주의로 치닫는 일본의 식민지 상황이지만 민족적 긍지를 갖고 살도록 아이들을 엄하게 가르쳤다.

1941년 국민학교령이 제정되면서 소학교는 국민학교로 이름이 바뀌었다. '천황이 다스리는 나라의 신하와 백성의 학교'라는 의미의 국민학교는 광복 후 51년이 지난 1996년 3월 1일을 기해 '학문을 처음 배우는 학교'라는 뜻의 초등학교로 바뀌었다. 잘못된 명칭 하나 바꾸는 데 반 세기가 걸렸으니 36년 일제 잔재를 청산하는 데는 이해 당사자가 다 세상을 떠난 백 년 후라야 가능할까.

몸을 겨우 추스른 유우석은 자작농이 됐다. 동생들과 직접 농토를 개간해 농지를 넓히고 농사를 지었다. 농사를 지어 야학을 꾸려나가려면 소출에 더욱 신경을 써야 했지만 공출이 심해지면서 식량은 점점 부족해져 갔다. 그런 와중에도 유우석은 글을 몰라 불이익을 당하거나 애태우는 농민들을 위해 대서를 해주며 때를 기다렸다. 조화벽은 중풍으로 몸을 쓰지 못하고 오랫동안 자리에 누워 있는 어머니 병수발에도 최선을 다했다. 어머니의 몸은 욕창 하나 없이 깨끗했고 어머니가 기거하는 방은 중풍 환자의 방이라 하기에 믿을 수 없을 만큼 항상 정갈했다. 무남독녀인 조화벽은 부모님 봉제사를 위해 들였던 양자의 딸도 키웠다. 게다가 막내 시동생 관석이 아이 둘을 남겨두고 젊은 나이에 병사하자 딸 같은 동서를 개가시키고 어린 시조카도 거두어 키웠다. 조화벽은 마치 대지의 여신처럼 품을 수 있는 건 다 품었다.

일본이 독일, 이탈리아와 삼국 동맹을 맺음으로써 미일 관계는 악화일로를 걷게 됐다. 진주만 습격으로 개전 초기 일본에 유리하게 전개되었던 태평양 전쟁은 1942년 6월 미드웨이 해전을 계기로 전황은 일본에 불리한 쪽으로 역전되기 시작했다. 그럼에도 일본은 전세 악화 사실을 숨기며 일본과 식민지에서 수많은 젊은 이들을 전쟁터와 혹독한 일터로 내몰았다. 조선의 많은 젊은이는 남의 나라 전쟁에 끌려 나갈 수밖에 없었다.

일본의 태평양 전쟁 도발로 전쟁이 확대되면서 조선 지배 정책은 모든 것을 군사 목적에 동원하는 방향으로 맞춰졌다. 한국인을 일본 천황에 충성하는 백성으로 동화시키겠다는 황국 신민화 정책에 이어 민족 말살 정책을 적극 추진하기에 이른다. 선택 과목이긴 했지만 그나마 존속했던 조선어 교과는 국민학교부터 시작해 중등학교 및 사범학교 과정에서도 폐지됐다. 1945년부터는 아예 수업을 전폐하고 학생들을 작업장으로 몰았다. 그것으로도 모자라 모든 학생을 학급별 기업별로 학도연합대로 편성해 언제라도 전쟁터로 내몰 준비를 했다.

또한 총독부는 내선일체 완성을 위해 사대사상에 입각해 붙였던 중국식 이름을 버리고 일본식 이름으로 바꿔야 한다고 선동했다. 하지만 이 정책은 궁극적으로 조선인의 혈통에 대한 관념을 흐려놓아 민족적 전통의 뿌리를 파괴하는 데 목적을 두고 있었으며, 그보다 더 본질적 이유는 조선에서 징병제 실시를 염두에 두었기 때문이기도 했다. 내지인과 같은 씨명으로 만드는 것은 단지 조선인에게 징병령을 적용하려는 편법일 뿐이라고 주장하면서 반대한 사람도 많았다. 전통적인 성에 대한 강한 애착을 가진 양반 계층이거나 기독교 계통에 종사하는 사람들은 신념에 따라 창씨개명을 거부하기도 했다. 그럼에도 불구하고 일제의 창씨개명 획책은 집요했고, 온갖 강요와 회유가 더해져 결국 조선 인구의 열에 여덟은 일본 이름으로 바꾸었다. 물론 참정권, 의무 교육 등이 없는 상태에서 성씨를 바꾼들 결국 형식적인 내선일체에 지나지 않았다.

조화벽과 유우석도 물론 창씨개명을 하지 않았다. 어떤 불이익이 돌아온다 해도 결코 이름을 네 글자로 바꿀 수는 없었다. 일제는 창씨개명과 더불어 우리말을 쓰지도 말하지도 못하게 했다. 우리 땅에서 우리말을 쓰지 못하는 기막힌 상황이었지만, 사람들은 그저 분루를 삼킬 뿐이었다.

일제는 일상생활에서 제대로 일본어를 사용하는지 서로 감시까지 하게 했다. 순사들은 시뻘겋게 눈에 불을 켜고 우리말을 쓰는 자들을 찾아내려 수시로 돌아다녔다. 장터에서 흥정할 때면 촌로들은 반벙어리가 되어야 했다. 열차에서 친구끼리 조선어로

대화한 여학생을 즉시 체포해 가기도 했다. 일제가 창씨개명과 더불어 일본어 사용을 강제로 시킨 것은 한국인의 정신, 문화, 생활, 관습까지 일본식으로 통일시키려고 했기 때문이었다.

외솔 최현배는 "말씨는 겨레의 표현일 뿐 아니라 그 생명이요 힘"이라며 우리말 존중을 역설했다. 그는 무력으로 다른 나라를 정복한 나라는 정복한 나라의 말과 글을 못 쓰게 하고 정복자의 말과 글을 강제로 쓰게 하는데, 이는 오로지 피정복자를 부리기 좋은 종으로 만드는 일이라 주장했다. 흥업구락부 사건 당시 혹독한 수사와 고문으로 간부 다수가 친일 전향서에 서명했을 때에도 최현배는 끝끝내 서명을 거부하였다. 이를 이유로 연희전문대 교수직에서 파면된 최현배는 1942년 조선어학회 사건으로 다시 체포되었다. 대다수 지식인이 친일로 나갈 때 끝까지 '민족'을 버리지 않았던 지조 높은 국어학자는 서대문형무소에서 광복을 맞았다.

군국주의 일본이 침략 전쟁을 확대하면서 조선은 일본의 전쟁 수행을 원활하게 뒷받침하는 병참기지가 되어야 했다. 일본은 조선에서 더 많은 전쟁 물자를 거두어 가려고 혈안이 되었다. 조선의 지하자원이 더욱 필요해졌다. 1944년 무렵 일본인 광산업자가 캐낸 금의 양은 한반도 금 생산량의 90%에 달했다. 1937년 이후 조선에서 막대한 양의 광물 자원이 전쟁 물자로 단기간 내에 채

굴되었다.

양양에는 1937년 동해북부선 양양 철도 구간이 개설되었다. 원산까지 이어진 철도 개설을 기점으로 일본은 양양 지역 지하자원 발굴에 열을 올렸다. 양양군 서면 장승리 관모봉 중턱에서 대규모 자철광이 발견됐다. 총독부 지원으로 1941년 일본 종연광업주식회사가 본격적인 채광을 실시했다. 양양광산은 전국 제일 자철광 광산이 되었다. 일본은 동해북부선의 한 역인 양양 조산에서 장승리 산속까지 깊숙이 선로를 놓았다. 조선인 광부들에게 싼 임금을 지불하고 캐낸 양질의 자철광은 원산을 거쳐 무기 제조를 위해 일본으로 줄줄이 실려 갔다.

중일 전쟁 이후 '식량 공급 기지로서의 조선'에 대한 중요성도 재인식되었다. 전쟁이 확대되면서 보급선이 길어지자 만주, 북중국 전쟁터에 보급할 식량 문제 해결을 위한 일제의 '동아시아 식량 기지'로서 역할이 더욱 강조되었다.

식민지가 된 후 조선의 쌀은 일본의 식량으로 대거 실려 나갔다. 전시 말기에는 불안정한 일본의 식량 수급을 안정시키기 위해, 전쟁 보급품으로 더 많은 양을 수탈해 갔다. 안 그래도 어려운 식량 수급은 더욱 열악해져 조선인들의 생활은 피폐해질 대로 피폐해졌다.

국민학교에서는 소수 상류층을 제외하면 아예 점심을 못 먹는 학생들이 절반을 넘었다. 국민학교가 그럴진대 야학인 정명학원 학생들의 처지는 그야말로 비참하기 이를 데 없었다. 사흘에 피죽 한 사발도 못 먹은 것 같은 아이들은 핏기 없는 노란 얼굴이 되어 그래도 배워보겠다며 책상에 앉아 있었다. 지주에서 자작농으로 내려온 조화벽의 형편도 학생과 별반 다르지 않았다. 식량 공출이 워낙 심해 겨우 끼니를 거르지 않을 정도였다. 그럼에도 불구하고 조화벽은 춘궁기가 되면 아이들에게 보리밥 한 덩이라도 먹이려고 했다.

관의 식량 배급도 그 양이 점점 줄어들고 질도 떨어졌다. 먹을 게 없어 굶어죽거나 도둑질이 빈발하고 있다는 소문은 지역을 막론하고 퍼졌다. 농촌에서는 다양한 공출이 이루어졌다. 놋그릇은 물론이고, 중요한 운송 수단이었던 말에게 먹일 건초, 방한복으로 쓸 삽살개 가죽까지 공출 대상이었다. 과다한 공출량 할당으로 자기 먹을 쌀도 챙겨놓을 수 없는 상황에서 배급도 원활하게 이루어지지 않았다. 월급 생활자인 도시민보다 농민의 생활이 점점 더 비참해졌다.

식량 부족으로 민심이 흉흉해지자 총독부는 쌀 대신 잡곡을 이용한 대용식을 만들어 보급했다. 밀가루와 메밀을 압착시킨 면미(麵米), 옥수수로 만든 쌀을 배급하면서 보배로운 쌀이라며 보미(寶米)라 이름 지어 배급했다. 또한 만주에서 사료용으로 수입한 콩깻묵을 식용으로 배급하며 농민들을 대놓고 기만했다. 총독부는 콩깻묵이 영양이 좋아 결핵이 박멸된다고 선전하기까지 했다. 콩깻묵을 솥 밑에 깔고 그 위에 보리를 얹어 지은 대두밥이 주식이었다. 그러나 콩깻묵은 만주에서 수입하는 과정에서 대부분 부패한 것이었고, 콩깻묵을 먹은 사람들은 배탈을 달고 다녔다.

전쟁 말기로 가면서 총독부는 사람이 먹지 않았던 것까지 식용화할 것을 독려하면서 식생활마저 결전화(決戰化)할 것을 주장했다. 조선인들의 대식(大食) 습관 자체가 문제라며 소식(小食)을 종용하기도 했다. 전쟁에 광분한 일제의 가증스러운 선전은 극에 달했다. 일제에 적극 협력하는 사람을 제외하고 대부분의 조선인은 죽지 못해 살아가는 형편이었다. 전시 체제기는 일제가 조선을 식민지로 만든 이래 가장 많은 인력과 물자와 자금을 뺏어간 시기였다. 그야말로 조선의 등골을 빼먹은 셈이다. 광복 후 우리에게 남은 건 빈껍데기뿐이었다.

일제는 신문, 잡지 등 모든 언론을 철저히 통제해 연일 일본의 승전보만 대대적으로 보도했다. 농어촌에 강연회, 시국 좌담회를 열고 이동 영화를 상영하면서 조선인들이 전쟁에 적극 협조할 것을 독려했다. 오락 시설이 전무한 농촌에서 이동 영화의 호응은 상당히 뜨거웠다. 대형 화면에 비행기가 날고, 탱크가 진군하는 장면이 등장하고, 남녀의 사랑 이야기가 곁들여지면 농민들은 그저 혹할 수밖에 없었다. 양양국민학교에도 이동 영화가 들어왔다. 구경거리가 귀했던, 삶에 찌든 사람들이 밤에 환하게 불이 켜진 학교 운동장으로 모여들었다. 사람들은 일본의 선전 영화를 보고 박수를 치며 호응했다. 이를 지켜보는 조화벽은 한숨이 절로 나왔다. 아이들에게는 운동장에 얼씬하지도 말라고 엄하게 잡도리를 시켰다.

유우석은 일제가 전쟁에 광분하는 모습을 보면서 군국주의 일본이 패망할 날도 멀지 않았음을 직감했다. 일제 말 당시 지식인이 선택한 길은 세 가지였다. 일제의 패망은 꿈도 꾸지 못하고 적극적인 친일 행위를 하거나, 침묵하거나, 산속에 들어가 은거하는 길이었다. 유우석은 일체의 협력을 거부하고 침묵하며 때를 기다리기로 했다. 일본이 만주 사변 이후 중일 전쟁을 거쳐 태평양 전쟁에 이르기까지 친일을 확대 재생산하며 조선인의 독립 의지를 수없이 꺾고 짓밟았지만, 조화벽과 유우석은 꿋꿋하게 민족적 자긍심을 지켰으며 독립의 날이 올 것이라는 믿음도 결코 잃지 않았다.

전쟁은 일본의 몰락으로 치닫고 있었다. 하지만 현실 인식이 부족했던 부류는 끝까지 일본에 동조하였고, 동포들에게 징용과 징병을 독려했다. 조선의 최고 지성인마저 일제의 선전에 앞장섰다. 춘원 이광수(李光洙)는 공부는 나중에 해도 되니 학생은 당장 전쟁에 나가야 한다고 역설했다. 수많은 지도층 인사들이 강연과

방송을 통해 일제 침략 정책을 미화했다.

조화벽은 무엇보다 기독교인에게 신사 참배를 강요하는 일제의 뻔뻔함에 분개했다. 믿었던 기독교 지도자들이 "기독교인들은 종교인이기에 앞서서 국민"이라며 신사 참배를 찬성했을 때, 조화벽은 시베리아에서 소식이 끊긴 김영학 목사 생각이 절로 났다. 김영학 목사가 있었다면 목숨을 걸고 신사 참배를 반대했으리라.

광복 한 해를 앞두고 정명학원은 결국 문을 닫았다. 더 버틸 재간이 없었다. 1932년부터 강제 폐교를 당할 때까지 12년간 600여 명의 졸업생을 배출한 학교였다. 가난과 소외로 정규 학교를 다니지 못하는 아이들을 교육했던 정명학원은 정규 학교와 달리 민족적이며 주체적이었다. 총독부 지시를 따르는 데 미온적이었던 정명학원은 줄곧 폐교의 압박에 시달렸다.

식민지 경제가 한계에 다다라 농촌 사회가 더욱 피폐해지면서 총독부의 폐교 압력을 더 이상은 버틸 수 없었다. 정명학원의 간판을 내릴 때 선생들도 울고 학생들도 꾀죄죄한 저고리 소매로 눈물을 닦았다. 다시 꼭 만나자는 말과 함께 호랑이 선생님이었던 조화벽은 처음이자 마지막으로 아이들의 등을 따뜻하게 어루만져 주었다.

조화벽은 그 무렵 큰아들의 안위도 큰 걱정이었다. 춘천고등학교에 다니고 있던 유제충은 머지않아 강제 징집당할 위기에 처해 있었다. 나라를 빼긴 것도 분한데 일본의 영토 확장 전쟁에 조선의 아들을 바쳐야 하는가. 잠을 이룰 수가 없었다. 피신시킬 방도를 찾고 싶었지만 마땅한 방법이 없었다.

일제는 중일 전쟁을 일으키고 난 후 조선인 육군 특별지원병 제도를 만들어 공포하였고, 지원제라는 미명하에 강제로 우리 청년들을 자기네 침략 전쟁에 끌어들였다. 400명으로 시작해 태평양 전쟁이 막바지에 이르렀을 때는 20만여 명의 조선인 청년을 형식뿐인 징병 검사를 거쳐 입영시켰다. 일제는 불과 4, 5년 사이에 40만 명에 이르는 우리 청년들을 군인, 군속 등의 전투 요원으로 동원했다. 이 중 약 15만 명은 결국 집으로 돌아오지 못했다.

미처 손쓸 새도 없이 유제충은 춘천고 졸업과 동시에 강제 징집됐다. 부모와 작별할 시간도 없이 만주행 기차에 태워졌다. 소식을 들은 조화벽은 억장이 무너졌다. 유우석은 부르르 몸을 떨었다. 기댈 곳이 하나님 밖에 없었다. 조화벽은 하루 빨리 일본이 망하고 광복이 돼 아들이 무사하게 고향에 돌아오기를 무릎을 꿇고 기구했다.

일본이 절대 망할 리 없다고 굳게 믿었던 친일 세력과 달리 중국 내 좌우 세력은 1940년대 들어 전쟁이 확대되면서 일제의 패망이 가까워지고 있다고 판단했다. 대한민국 임시 정부를 중심으로 통일 전선 운동을 추진하게 된 배경이다. 일제 패망을 앞두고 민족 해방 운동 세력이 일본을 패망시킬 연합국 일원이 되기 위해 좌우를 막론하고 임시 정부를 중심으로 통일 전선을 형성했다. 여기에 좌우 어디에도 소속되지 않았던 아나키스트 세력도 동참했다.

그들이 선택한 이념이 사회주의든 아나키즘이든 민족주의든 조국의 독립을 위한 길이었다는 점에서 어디가 옳고 그르다고 판단할 수는 없다. 친일로 변절만 하지 않았다면 말이다. 정작 친일로 돌아선 사람이 일신의 안위를 위한 것이 아니라 민족이 살 길이라 여겼기 때문이라는 어처구니없는 주장을 하기도 하지만…….

일본 패망이 가시화되자 한국광복군은 우리 손으로 독립을 쟁취해야 한다는 데 의견을 모았다. 그래야 외세의 간섭 없이 자주 독립 국가를 세울 수 있기 때문이었다. 광복군의 주도하에 국내 진공 작전을 계획한 것도 바로 그 이유에서였다. 이청천(李靑天), 이범석(李範奭) 등이 중심에 섰다. 우선 중국에 주둔하고 있던 미국 전략 정보국 OSS와 연합했다. 미군과 광복군은 비행편대를 편성하고 국내에 침투해 활동할 특수 요원을 훈련시켰다.

광복군이 예상한 것보다 빨리 일본 천황이 항복 선언을 했다. 그 바람에 1945년 8월 20일로 예정되어 있던 국내 진공 작전은 무산되었다. 민족적으로 불행한 일이었다. 일본의 항복으로 우리 힘으로 쟁취하려던 독립이 물거품이 되었다. 만약 작전이 성공했다면 열강 사이에서 우리의 목소리를 제대로 낼 수 있었을 텐데. 아쉬운 역사의 한 대목이다.

10. 광복, 그 후

죽는 날까지 하늘을 우러러
한 점 부끄럼이 없기를,
잎새에 이는 바람에도
나는 괴로워했다.
별을 노래하는 마음으로
모든 죽어가는 것을 사랑해야지
그리고 나에게 주어진 길을
걸어가야겠다.

오늘 밤에도 별이 바람에 스치운다.

— 윤동주(1917~1945), 「서시」 전문

1945년 8월 15일 정오. 지지직거리는 단파 라디오에서 신과 동급이었던 일황의 항복 선언이 흘러나왔다. 라디오 앞에 모인 사람들은 환호성을 질렀다. 일제의 사슬에서 풀려난 사람들은 감추어 두었거나 급조한 태극기를 들고 거리로 몰려나왔다. 마치 3·1운동 당시를 연상시키는 태극기 물결이 양양 곳곳에 물결 쳤다. 사람들은 거리거리를 몰려다니며 몇날 며칠 지칠 때까지 만세를 불렀다. 일본인 거류 지역에 몰려가 불을 지르기도 했다. 순사 가족들은 린치를 당했다. 경찰서 유리창도 깨졌다. 폭도로 변한 사람들은 대부분은 군대에 끌려간 아들을 둔 어머니나 징병 간 남편을 둔 부녀자였다.

기세가 등등했던 일본인들은 일본으로 돌아갈 보따리를 쌌다. 배를 기다리며 부두에서 노숙을 하는 아이와 여자와 늙은이로 이루어진 일본인들의 모습은 언제 조선인을 함부로 부리고 무시하던 무리였는지 상상이 안 갈 정도로 초췌했다.

이제 광복된 나라에서 일본 놈들 눈치 안 보고 잘 살 일만 남았다. 전쟁이 끝났으니 군인도 징용 간 사람도 다 집으로 돌아올 것이다. 조화벽은 아들이 돌아올 수 있다는 사실에 광복의 기쁨이 배가 되었다. '살아 있다면'이라는 전제는 애초에 없었다. 조화벽은 아들의 무사 귀환을 한 번도 의심하지 않았다.

유우석에게 광복에 대한 감회는 남달랐다. 대한 독립 만세를 부르다 부모와 동생을 잃고 멸문지화의 지경에 이르지 않았던가.

오직 민족과 가족의 원수인 일제의 패망만을 바라며 살아온 27년의 세월이었다. 온갖 핍박과 모욕을 견디며 울분 속에 살아온 날들이었다. 간절한 기다림이 마침내 이루어졌다. 그럼에도 유우석은 광복의 기쁨에 취하기보다 되찾은 나라에서 자신이 해야 할 일을 먼저 생각했다.

일제 말 국내 항일 투쟁은 민중적 차원에서 산발적이기는 했으나 전국 도처에서 전개되어 왔다. 하지만 혹독한 고문으로 2명이 옥사하고 불구가 되기도 한 수양동우회 사건과 흥업구락부 사건 이후 총독부의 철저한 탄압과 경찰의 검거로 지도층이 투옥되거나 친일로 전향함으로써 이렇다 할 통일 조직이 만들어지지 못했다. 개개인 중에는 깊숙한 산골에서 두문분출하거나 유우석처럼 일제의 협력을 일절 거부한 양심적 인사가 적지 않았으나 일제의 지독한 감시 때문에 지하에서조차 조직 활동을 하지 못했다. 유우석은 이제 뿔뿔이 흩어진 동지를 규합해 제대로 된 나라를 세우는 데 열정을 바칠 생각이었다.

하지만 세상은 유우석의 계획과는 다른 방향으로 흘러가고 있었다. 식민지 지배에 대한 민족 해방 투쟁이 끈질기게 진행되어 왔음에도 불구하고 8·15 광복 자체는 그 해방 투쟁의 결과물이 아니었다. 세계대전의 국제 정치적 산물이었던 광복은 오히려 타의에 의한 민족 분단이라는 비극을 낳았다. 그 분단의 직격탄을 맞은 곳이 바로 양양이었다. 소련과 미국은 한반도 지도를 놓고 위도 38도를 가로질러 줄을 죽 그었다.

한반도의 허리가 잘렸다. 양양도 두 토막이 났다. 38선 이남인 현남면과 현북면의 남쪽 일부가 강릉군에 속하게 됐다. 38선 북쪽인 강현면, 양양면, 손양면, 현북면의 서남쪽 등 대부분은 공산 치하에 들어가게 됐다. 아들이 북쪽 사람이 됐고 부모가 남쪽에 속했다. 어제까지 같이 놀던 동무들이 남과 북으로 갈라졌다.

분단 초기에는 남북 모두 체계가 잡혀 있지 않아 38선은 지도 위에 그은 하나의 금에 지나지 않았다. 분단이 고착되기 전까지 사람들은 북과 남을 고무줄 넘듯이 쉽게 넘나들었다. 현남면 광정리 쪽은 38선과 가까워 마음만 먹으면 얼마든지 몰래 왕래할 수 있었다. 남과 배짱이 안 맞는 사람은 북으로, 북이 체질에 안 맞는 이는 남으로, 각자의 신념과 사정대로 월북하고 월남했다.

일본으로 징용 갔던 사람들이 하나둘 피골이 상접한 채 돌아왔다. 학병으로 끌려간 젊은이들도 드문드문 돌아왔다. 계급장 없는 해어진 군복 차림의 젊은이들의 모습은 그들이 얼마나 자심한 고생을 하며 사선을 넘어왔는지 말해주었다. 돌아올 사람들이 거의 다 돌아왔는데도 조화벽의 아들 유제충은 오지 않았다. 전사를 했을 것이라고 수군대는 사람도 있었다. 아들은 몸이 약했다. 스무 살도 안 돼 학병으로 끌려간 아들의 애잔한 모습이 매일

꿈에 나타났다. 꿈속의 아들은 다리를 절며 안개 속을 걷고 있었다. 걷고 있다면 언젠가 돌아올 것이다. 조화벽은 매일 기차역으로 나갔다.

기다리는 아들은 오지 않고 소련군에 대한 무시무시한 소문이 먼저 들이닥쳤다. 산발을 하고 손등에 문신을 한 로스케(러시아인을 낮잡아 부르는 말)들이 약탈과 폭행을 일삼는다고 했다. 부녀자들을 닥치는 대로 겁탈한다고 했다. 머리를 짧게 자른 여자는 건드리지 않는다고 해서 곽산이나 강계 쪽 젊은 여자들은 머리카락을 다 밀어버렸다고도 했다. 그들에 대한 해괴한 소문은 북한 전역으로 퍼져나갔다. 코가 높고 눈이 크고 깊은 러시아인은 그 외모만으로도 사람을 공포에 떨게 했다. 젊은 여자들은 모두 몸을 숨겼고 아이들은 놀라 울음을 멈추지 않았다. 일본도 망했으니 우리의 세상이 올 것이라 한껏 기대했던 사람들은 또 다른 공포와 절망에 빠졌다. 일본은 빈껍데기만 남기고 철수했다. 그나마 나라에서는 배급도 없었다. 사람들은 소나무 껍데기를 벗겨 먹고 콩깻묵은 아예 주식이 되었다. 여우를 피하고 나니 늑대가 나타난 꼴이었다.

9월 말로 접어들면서 부녀자의 외출이 어려울 정도로 치안이 문란해졌다. 소련군의 약탈과 더불어 폭행에 노출된 부녀자를 보호하기 위해 고향을 등지고 남하하는 사람들이 늘어갈 지경이었다. 그 사이 김일성과 조선 공산당은 소련을 등에 업고 이북을 점령했다. 국내 독립운동의 씨가 말라가던 일제 말 아이들은 양지쪽에 옹기종기 모여 김일성(金日成) 장군 이야기를 했다. 축지법을 써 일본군을 따돌리고 변신술에 능해 잡을 수도 없다는 등 일종의 민족의 메시아를 바라는 민중 사이에서 과장되고 윤색된 보천보 전투의 영웅 김일성이 실제로 등장한 것이었다.

건국 운동을 주도하던 조만식(曺晩植) 선생과 뜻을 함께한 유우석은 공산당이 접수한 북한에서는 자신의 꿈을 실현할 수 없다는 걸 직감했다. 더욱이 일제 때부터 사회주의자와 불화했던 그가 아니었던가. 게다가 공산주의는 종교를 민중의 아편이라며 인정하지 않았다. 설악산 신흥사 승려들이 종적을 감추었다. 교회도 앞날이 암울했다. 조화벽도 북한에는 더 이상 자신이 설 곳이 없다는 걸 알았다. 재산 몰수와 재분배 과정에서 땅 가진 사람이 일시에 죄인으로 전락하기도 했다.

3·1 운동의 중심지였던 양양장터에서 인민재판이 열렸다. 주로 친일 청산이 명분이었다. 양양면장이 끌려 올라왔다. 그의 친일 전력이 죽 열거됐다. 사람들은 아무 말도 못하고 듣고만 있었다. 이제 끌려 내려가 처단당할 일만 남았다. 그때 조화벽이 손을 들고 단 위로 올라갔다. 정명학원 호랑이 선생님을 익히 알고 있던 사람들이 주목했다.

조화벽은 다들 일본에 협력할 수밖에 없는 상황에서 단지 면장 노릇을 했다는 이유로 처단하는 건 옳지 않다고 했다. 일제에 적극 협력해 청년을 전쟁터로 내몬 악질 친일파나 일제 앞잡이 노릇을 한 순사 같은 이들에게 민족 반역의 죄를 엄하게 물어야 한다고 했다. 이제 광복도 되었으니 우리끼리 똘똘 뭉쳐 잘 살아볼 궁리를 해야 하지 않겠느냐며 일장 연설을 했다. 친일의 불가피성을 이해한 조화벽의 연설은 자기변호가 아니었기에 설득력이 컸다. 친일에서 자유롭지 못한 사람들이 다 같이 옳소!를 외쳤다. 민심을 거스를 수는 없었던지 면장은 방면됐다. 조화벽 덕분에 한 목숨이 사지에서 살아났다.

김일성과 조선 공산당은 반대파를 제거하는 데 친일 청산을 이용하기도 했다. 유우석은 친일 청산이 정치적인 목적을 이루기 위한 수단으로 전락해서는 안 된다고 생각했다. 강압적인 절대 권력을 부정한 아나키스트였던 유우석은 이미 새로 들어선 권력 쪽에서도 요시찰 인물이었다. 조국의 광복을 그렇게 염원했건만 일본이 물러간 세상은 유우석에게 여전히 혹독했다. 유우석과 조화벽은 바뀐 세상에서 오래 버틸 수 없으리라는 걸 알았다. 아들만 돌아오면 고향을 등질 수밖에 없었다.

기다림의 끈을 놓지 않으려 무진 애를 쓰고 있던 어느 날이었다. 거지 행색의 한 남자가 대문에 들어섰다. 조화벽은 다리에 힘이 풀려 그 자리에 주저앉았다. 아들은 지나가다 마주쳐도 모르고 지나칠 정도로 남루하고 병색이 완연했다. 열흘 밤낮을 죽은

듯 잠만 자던 아들은 한 달 만에 겨우 자리를 털고 일어났다. 유제충은 총알받이로 죽을 수만은 없어 탈출을 감행했다. 패전으로 몰리고 있던 때라 일제는 탈주병을 막을 여력도 없었다. 부대를 탈출하여 만주를 헤매다 유제충은 일본의 항복 소식을 들었다. 신의주에서 기차를 타려 했지만 아직은 정세가 어떻게 돌아가는지 몰라 큰길을 피해 밥을 얻어먹으며 걸어오느라 시간이 오래 걸렸다고 했다.

아들의 귀환은 북한 탈출을 의미했다. 조화벽과 유우석은 밤을 도와 월남 준비를 했다. 얼추 정리가 되고 달이 없는 날을 기다리고 있던 무렵 작은 아들 제덕이 집에 들어오지 않았다. 조화벽은 불길한 예감으로 밤을 밝혔다. 백방으로 뛰어다녔지만 아들의 행방은 묘연했다. 누군가 대포항에서 배를 타는 걸 봤다고 했다.

새로운 혁명에 대한 기대와 희망으로 부푼 열여덟 살 아들은 아버지와 뜻이 달랐다. 유우석은 자식에게 의도적으로 정을 주지 않았다. 사사로운 정에 이끌리는 것이 시대에 죄를 짓는 일이라 생각했기 때문이었다. 항상 엄하기만 했던 그런 아버지 유우석에 대한 반항 심리도 작용했으리라. 아버지와 다른 정치 노선을 택한 젊은 아들은 가족을 등지고 자신의 꿈을 찾아 떠나버렸다.

어미는 마지막까지 뒤돌아봤지만 아비는 갈 길을 재촉했다. 달도 별도 없는 칠흑같이 어두운 깊은 밤이었다. 유우석이 앞장서서 월남하기에 비교적 쉬운 광정리 쪽으로 길을 잡았다. 냇물 흘러가는 소리가 들렸다. 조화벽은 아들 제충과 제인(濟仁), 그리고 뒤늦게 양자로 들인 동생 일가와 먼저 세상을 뜬 막내 시동생 관석의 아들, 그리고 큰 시동생 인석 일가를 앞세우고 차가운 냇물을 건넜다. 냇물 건너편이 바로 남한이었다. 삼팔선을 넘으면서 조화벽은 상황이 좋아지면 머지않아 다시 고향을 찾을 수 있을 거라 여겼다. 둘째 아들은 그때 만나면 된다고 스스로를 다독였다. 조화벽과 유우석은 20여 년간 일제 강점기를 견뎌낸 양양을 그렇게 떠났다.

천신만고 끝에 서울로 온 조화벽과 유우석 일가는 서울 정릉의 골짜기에 거처를 마련했다. 방 두 칸짜리 낡은 한옥이었다. 유우석은 조화벽에게 집안을 맡기고 광복된 조국에서 할 일을 찾아 나섰다. 혼란스러운 광복 정국에서 유우석은 아나키즘 계열인 유림(柳林)과 정치적 행보를 같이 했다.

유림은 일찍이 고향 안동에서 만주로 이주하여 이회영(李會榮), 신채호(申采浩) 등과 아나키즘 운동을 하다 수차례 투옥되었던 독립운동가다. 광복이 멀지 않았다고 본 중경(重慶, 충칭) 임시 정부는 민족주의 보수진영뿐 아니라 급진파와 좌익 계열까지 망라한 통일 전선을 계획했다. 그때 유림은 '조선무정부주의연맹'을 이끄는 중심인물로 민족 통일 전선에 참여했다. 앞서 얘기했듯 통일 전선을 구축한 임시 정부는 광복군의 서울 진공 작전을 계획하였으나 미처 실행에 옮기기 전에 광복을 맞이하게 되었고, 유림은 1945년 12월에 김구(金九) 등 임시 정부 요인들과 함께 귀국했다.

미소 양대국의 냉전 구도에 휩쓸려 국토가 양분된 상황에서 1946년 신탁 통치 실시를 놓고 민족 분열은 극에 달했다. 유림과 유우석을 비롯한 아나키스트들은 아나키스트 대회를 열고 좌우 양쪽 모두를 비자율적, 비통일적, 비민주적 집단이라고 비판했다. 일체의 외세 의존을 배격하고 통일된 민족을 기반으로 과도 정부가 수립돼야 한다고 주장했다. 아나키스트들은 일제 때 가장 가혹한 착취를 당하면서도 이 땅을 지켜온 노동자, 농민 등 근로 대중이 진정한 주인이 되어야 한다고 역설했다. 무엇보다 우리나라 일을 밖에서 결정하는 미소공동위원회의 개최를 반대했다. 하지만 소수파의 목소리가 제대로 전달될 리 없었다.

한편 광복 후 수많은 여성 단체 출현과 함께 조화벽은 영명학교 동료 교사였던 임영신으로부터 기독교 여성 단체에서 같이 일해보자는 제안을 받았다. 광복된 내 나라에서 나라의 발전을 위해 마음 놓고 사회 활동을 하고 싶었지만 남편의 반대에 부딪혔다. 정치 활동은 자기 하나로 족하니 가정을 지키라고 했다. 대중 연설뿐 아니라 지도자로서의 능력도 유우석보다 뛰어났던 조화벽이었지만 남편이 뜻을 펼 수 있도록 자신의 꿈을 접었다.

광복과 분단으로 사회적, 사상적 혼란이 가중되었던 그 시기,

유관순이 전 국민의 영웅으로 부각되며 무덤에서 부활하는 일이 벌어졌다. 일제 강점 아래서 유관순은 고향에서도 입에 올리면 안 되는 금기의 인물이었다. 그런 유관순이 한국의 잔 다르크로 추앙받게 되었다.

광복 직후, 당시 이화여고 교장 신봉조(辛鳳祚)는 이화 출신으로 국가에 헌신한 여성을 찾아 널리 알리고자 했다. 서대문형무소에 유관순과 같이 수감되었던 이화학당 출신 박인덕이 천안 아우내 3·1만세 시위를 주도했고 시위 현장에서 부모를 잃었으며, 형무소에서 만세를 부르다 죽음을 맞이한 소녀를 추천했다. 애국심 고취가 절실한 상황에서 유관순은 애국의 아이콘이 되었다. 군정 당국의 후원 아래 3·1운동의 순수성을 간직한 채 요절한 유관순의 이야기는 전영택(田榮澤)에 의해 전기(『유관순전』)로 씌어졌고, 이어 영화로도 만들어졌다. 일제 강점기 애국 소녀의 수난사를 보며 그 시대를 겪어온 사람들은 다함께 눈물을 흘렸다. 그때까지 우리 영화사상 가장 많은 관객을 동원한 영화 「유관순」은 전국적으로 큰 감동의 물결을 만들었고 유관순을 국민적 영웅으로 만들었다.

유우석은 부모와 동생의 원통한 죽음이 이제라도 보상을 받은 것 같아 무엇보다 기뻤다. 유관순의 동생 인석도 마찬가지였다. 그들은 이제 마음 놓고 동생을, 누나를 자랑스러워 할 수 있게 되었다. 조화벽은 무엇보다 유관순을 비롯한 얼굴도 모르는 수많은 여학생의 활약과 희생이 있었던 3·1운동이 새롭게 조명받는 사실에 뿌듯했다.

일제 말 조선임전보국단(朝鮮臨戰保國團)의 발기인으로 적극적인 친일의 길을 걸었던 박인덕과 신봉조가 자신들의 친일 행적을 덮기 위해 유관순을 불러냈다고 비난하는 축도 있다. 그렇다 해도 유관순이 한 일이 없어지는 것도 아니고 없는 사실을 조작한 것도 아니다. 열사로서의 유관순에 관한 객관적 증거는 차고도 넘친다. 3·1운동을 통틀어 3대에 걸쳐 아홉 명의 독립 유공자를 배출한 유관순 일가만큼 큰 희생을 치른 가족은 없을 것이다.

조화벽은 고흥 유씨 종친회로부터 감사패를 받았다. 멸문지화지경의 유관순 일가를 보살피고 지켜낸 며느리로서 그 공을 치하하기 위함이었다. 자신을 위한 삶을 뒤로 하고 유관순 열사 집안을 살려내고 유관순 추모 사업과 그 정신을 계승하는 데 혼신의 힘을 다하는 길을 선택했으면서도 조화벽은 독립운동가 후손으로서 할 일을 제대로 못한 것 같아 늘 부끄럽다고 했다.

유관순이 민족의 영웅이 되었지만, 그렇다고 유우석과 조화벽의 형편이 달라지는 건 없었다. 부모님과 한 날에 지내는 유관순의 제사를 초 한 자루로 지낼 정도로 경제 사정은 어려웠다. 늘 주류 정치와 불화했던 유우석은 애초에 돈과는 거리가 먼 사람이었다. 다들 권력과 돈을 향해 불나방처럼 모여들 때 유우석은 조화벽의 말 없는 지지 아래 오직 자기 신념에 따른 정치 활동에 전념했다. 조화벽은 독립운동가 집안이라는 긍지 하나로 그 어려운 살림을 오롯이 감당했다.

유림과 함께 아나키즘 이념 정당인 독립노농당(獨立勞農黨)을 창당한 유우석은 노농신문을 발행하고 노동자와 농민의 권리를 대변하고자 했다. 아버지의 뜻을 따른 큰아들 유제충은 독립노농당 청년특별위원장으로서 청년 운동 지도자로 활동했다. 체제를 공고히 하는 수단으로 친일 청산을 과도하게 활용했던 북한을 못마땅해 했던 유우석은 정권을 잡기 위해 친일 세력과 손을 잡은 남한의 현실에도 분개했다. 독립노농당은 남한 단독 정부 수립을 위한 '5 · 10 선거'를 반대했다. 자주 독립을 지연시키고 국토 분단을 만성화할 우려가 있다고 판단한 까닭이었다. 나아가 골육상쟁의 비극을 낳을 가능성이 높다고 비판했던 독립노농당의 우려는 6 · 25 전쟁으로 현실화됐다. 유림과 유우석을 비롯한 아나키스트들은 북한 남침 직후 서울을 버리고 도망간 이승만을 강력하게 비판했다.

서울에서 북한 인공치하(人共治下)를 혹독하게 겪은 유우석 일가는 1 · 4 후퇴 때 가족과 함께 고향 천안으로 피난을 갔다. 그곳에서 조화벽은 막내아들 제인을 폐렴으로 잃었다. 약 한 첩 제대로 써보지 못한 급작스러운 죽음이었다. 큰아들이 폐결핵을 앓고 있고 작은아들 제덕의 생사를 알지 못해 애태우던 무렵이라 조화벽의 슬픔은 더 깊었다. 유우석은 내색하지 않았다. 참척(慘慽)의 고통은 연이어 조화벽을 덮쳤다.

어느 날 한밤중 유우석이 자다가 외마디 비명을 질렀다. 꿈속에서 헤어진 작은아들을 봤다고 했다. 어둠 속에서 더듬더듬 냉수를 찾아 입을 적신 후 유우석은 조화벽에게 작은아들을 가슴에 묻으라고 했다. 남과 북이 서로 밀고 밀리며 수많은 젊은이가 전쟁터에서 스러져갈 때였다. 어느 이름 없는 골짜기에 누워 있을지도 모를 아들 생각에 조화벽은 꺽꺽 울음을 토해내며 도리질을 했다. 전쟁이 끝나고 양양이 수복이 되었어도 그 누구보다 인물이 훤했던 작은아들 제덕은 끝내 돌아오지 않았다.

무엇 때문에 우리끼리 철천지원수처럼 죽고 죽여야 했던가. 겨우 찾은 나라가 왜 또 두 동강이가 나야 하는가. 조화벽은 휴전협정이 체결되었을 때 민족의 운명에 기가 막혔다. 전쟁 통에 두 아들을 잃은 조화벽은 일본의 식민지 시절보다 더 애통하고 원통했다. 참혹한 동족상잔의 전쟁이 남긴 상처는 너무도 크고 깊었다. 휴전 후 남한에서 진보적인 사상은 발 디딜 자리가 더욱 좁아졌다. 독립노농당을 공산당 사촌 정도로 여기는 민심 속에서 당세 확장은커녕 존립 자체가 위협을 받았다. 유우석이 고향 천안 지역에서 선거에 출마했을 때 상대 진영 후보는 유우석을 빨갱이라며 흑색선전을 했다. 두고 볼 수만은 없었던 조화벽은 유우석의 지원 유세에 나섰다.

"조국 독립의 제단에 목숨을 바친 집안이다. 평생 항일 운동을 했고 자유를 찾아 목숨을 걸고 남하한 사람이 어찌 빨갱이냐. 누구보다 민족을 사랑하고 무엇보다 어려운 노동자와 농민의 편에서 진정 헌신할 사람"이라며 역설했지만 사람들은 빨갱이로 낙인찍힌 유우석을 끝내 외면했다.

청산되지 않은 친일파가 반공을 내세우며 득세하고 있는 세상을 두고 유우석은 「야유(揶揄)」라는 시조를 지어 야유했다.

> 야유로 낙을 삼아 온 천하를 넘나드니
> 나도 세상 웃거니와 세상 역시 나 웃더라
> 터놓고 볼 세상에 웃기라도 실컷 하자

이후 유우석은 유도회(儒道會) 성균관 수복위원회를 구성해 중추적 역할을 했다. 유도 청년회를 구성하고 총본부 회장에 피선되기도 했다. 아나키즘 사상가로 일생을 살아온 유우석으로서는 다소 이색적인 활동이었다. 이는 아마도 유교의 인의예지신을 근간으로 일제 강점기와 전쟁을 거치면서 피폐해진 민족정신과 무너진 윤리 도덕을 바로잡기 위한 행보로 여겨진다.

5·16 군사정변으로 정권을 잡은 군사 정부는 유우석과 유제충

을 정치정화법을 적용해 구속했다. 아나키즘 정당인 독립노농당을 사회주의와 동급으로 취급한 것이었다. 유우석은 조병옥(趙炳玉) 박사의 서당 친구로서 그의 정치활동을 적극 지지했던 증거가 있어 공산주의자 혐의를 벗었지만 근근이 명맥을 유지하던 독립노농당은 결국 해산되고 말았다. 식민지 시대에는 망명지에서 일제에 항거하였고 광복된 조국에서는 외세 지배와 이승만 독재에 투쟁하였던 단주 유림도 외롭게 임종을 맞았다.

더 이상 정치 활동을 할 수 없게 된 유우석은 독립운동가 조경환, 임의탁, 서병철, 김희남 등과 함께 독립운동자동의회(獨立運動者同義會)를 결성하였고, 순국선열유족회 회장에 피선되어 자신도 어려우면서 대부분 생계가 막연했던 독립운동가 및 유가족들의 구호를 위해서 전력을 다했다. '대꼬챙이' 소리를 들을 정도로 강직했고 불의와 화합하지 않았던 투사 유우석은 1968년 69세의 나이로 병석에서 일어나지 못했다. 유우석은 임종을 앞두고 며느리 김정애에게 "지금은 가난하지만, 혹 여유가 생기면 조상을 위해 쓰라"고 당부했다.

화창한 봄 날씨였다. 예총회관 광장에서 사회장으로 백노(白奴) 유우석의 장례가 치러졌다. 평생 음지에서 백의민족의 종으로 봉사하겠다는 뜻의 백노(白奴)로 살다간 유우석의 파란만장했던 삶을 5월의 햇볕이 따사롭게 어루만졌다. 봄에 태어나 봄에 돌아간 유우석의 장례는 김옥을 비롯한 옛 동지들이 주관했다. 유우석의 장례가 치러지는 내내 검은 안경을 쓴 사람들이 장례식장을 떠나지 않았다. 유우석의 순수한 애국심은 죽어서까지 그토록 의심을 받았다.

4년 뒤 아버지를 믿고 도왔던 유제충이 학도병으로 끌려갔다 얻은 폐결핵을 이기지 못하고 끝내 48세의 나이로 아버지의 뒤를 따랐다. 남편과 자식 셋을 앞세운 조화벽은 며느리 김정애와 함께 노년을 보냈다.

조화벽은 평생 인간에 대한 배려와 측은지심이 남달랐다. 어린 시조카를 키워 장가를 보내고 양자로 들인 동생의 딸도 거두어 시집을 보냈다. 동생의 딸을 시집보낼 때는 혼수를 마련할 돈이 없어 며느리가 처녀 때 쓰던 장에 새로 꾸민 이불 한 채와 고이 지은 한복 한 벌을 넣어 보내기도 했다.

한 번은 이런 일도 있었다. 갑자기 기온이 뚝 떨어진 초겨울의 어느 날. 조화벽은 며느리에게 빵을 굽고, 밀가루도 좀 사오라고 했다. 그리고 돈도 얼마간 마련하라고 했다. 그러더니 전화도 주소도 없이 수유리로 가라고 했다. 영문도 모른 채 수유리에 가니 입성이 남루한 남자가 정거장에 서 있었다. 양양 3·1운동 때 같이 만세를 부르고 양구에 함께 피신했던 사촌 동생 조연벽의 외동 사위였다. 집에 잠시 들어왔다 가라는 말도 못하고 민망해하며 빵과 밀가루가 든 봉지와 약간의 돈을 받아갔다. 이런 일은 다반사였다. 김정애가 퇴근해서 오면 조화벽이 국수를 삶고 있는 적이 많았다. 모두가 배고팠던 시절, 친지들이나 지인이 오면 밥은 못 먹여 보내더라도 국수 한 그릇은 꼭 대접해 보냈다.

조화벽이 말년에 병석에 있을 때였다. 양양 정명학원 제자들이 양과자와 귀한 찹쌀을 가마로 보내며 선생의 쾌차를 빌었다. 헤어질 때 코흘리개였던 제자들이었다. 광복 후 지독한 배고픔을 견뎌내고 혹독한 전쟁에서 살아남아 격동의 현대사를 온몸으로 관통한, 이제 장년이 된 제자들 가슴에 호랑이 선생님은 오랜 세월 고마운 스승으로 새겨져 있었다.

조화벽은 며느리 김정애에게 한평생 시아버님으로부터 저고리 한 벌 못 얻어 입었다고 푸념 아닌 푸념을 한 적이 있었다. 평생 한 푼의 수입도 없는 정당 활동을 한 남편을 둔 김정애도 마찬가지였다. “우리 집안은 남자가 밖에서 올곧게 뜻을 펼 수 있도록 여자가 가정 경제를 책임져야 한다”는 시어머니 조화벽의 말에 반발하지 않고 김정애는 오랜 교사 생활로 묵묵히 가족을 부양했다. 김정애는 현대 여성이 결코 받아들이기 힘든 ‘부덕(婦德)’을 체현한 마지막 세대일지도 모른다.

조화벽은 겉으로 내색은 하지 않았지만 병약했던 아들과의 사이에서 자식을 얻지 못하고 가정 경제의 짐까지 떠안은 며느리를 늘 안타깝게 여겼다. 세상을 뜨기 얼마 전 조화벽은 긴히 할 말이 있는 듯 며느리를 불렀다. 김정애가 다가가 앉으면 "아니다"라며 몇 번을 물리쳤다. 그러던 어느 날 조화벽은 병석에서 자리를 걷고 일어나 입성을 제대로 갖추고는 정좌한 채 며느리를 불렀다. 조화벽은 "너는 내 며느리이면서 아들이고 딸"이라며 김정애의 손을 꽉 잡았다. 백 마디 말보다 곡진했다.

큰 산으로 우뚝 솟기보다 평생 어려운 주위 사람들이 기댈 수 있는 작은 언덕이고자 했던 소산(小山) 조화벽은 김정애와 마지막 눈을 맞추고 숨을 거두었다. 1975년 9월 5일이었다. 성북구 신흥사에서 정릉으로 넘어가는 채석장 뒤편, 방 두 칸과 대청으로 이루어진 조그만 기역자 형태의 집. 월남 후 줄곧 살았던 누옥에서 80세의 일기로 먼저 보낸 아들 제충, 제덕, 제인 삼형제와 평생 동지였던 남편 곁으로 갔다.

벼가 익어가는 옹골찬 계절, 박경룡 목사의 집전으로 장례가 치러졌다. 조화벽을 선배로써 존경하고 어머니로 사랑했던 며느리 김정애는 장례에 애국지사의 예우를 갖추고 싶었다. 마침 유우석이 독립노농당 시절에 쓰던 대형 태극기가 생각났다. 노농당 해산 이후 서랍에 보관해 두었던 빛바랜 태극기를 꺼내 관에 덮었다. 국가로부터 어떤 서훈도 받지 못했지만 시어머니야말로 진정한 애국자이며 태극기를 덮을 자격이 있다고 여겼기 때문이다. 그 위에 조화벽이 평생 의지했던 신앙을 상징하는 십자가도 함께 올렸다. 그리고 천안 3·1 만세운동의 성지인 병천면 지평리 유우석의 무덤 곁에 안장됐다.

많은 독립운동가가 서훈을 받고 훈장을 달았지만 유우석과 조화벽은 예외였다. 1962년 건국공로훈장 대통령장을 서훈할 무렵부터 친일 논란이 불거진 이갑성(李甲成) 측에서 방해를 한다는 말이 있었다. 임시 정부 서무국장이었던 임의탁(林義鐸)과 함께 이갑성의 친일 전력을 구체적으로 증언한 유우석은 이갑성에게 명예 훼손 혐의로 고소를 당했었다. 김정애는 시아버지가 조화벽이 손질한 검정색 두루마기를 입고 재판정에 가기 위해 대문을 나서던 날을 여전히 기억하고 있다. 이갑성 쪽에서 소를 취하하는 바람에 친일 사실은 유야무야됐다.

친권력파 이갑성은 3·1절 기념행사 때마다 광복회 회장 자격으로 독립선언서를 낭독했지만 친일의 꼬리표는 죽을 때까지 늘 그를 따라다녔다. 반면 유우석은 경제적으로 궁핍했지만 정신적으로는 그 누구보다 부유했으며 당당하고 떳떳했다. 유우석은 세상을 뜬 지 14년이 지난 1982년에야 건국포장을 받았고, 그로부터 8년이 흐른 후 애국장에 추서되었다.

조화벽도 유우석과 함께 1990년에 사후 건국훈장 애족장에 추서되었다. 독립을 위해 목숨의 위협을 무릅썼고 민족을 위해 헌신했으나 국가로부터 아무런 인정도 보상도 받지 못한 조화벽과 유우석은 백골이 진토 되고 나서야 독립유공자로 지정되었다.

김정애는 시아버지 유우석의 당부를 잊지 않았다. 3·1여성동지회 회장을 역임하며 그동안 묻혀 있던 여성 독립운동가 발굴에도 큰 역할을 하는 한편 교사 연금으로 어려운 학생에게 매년 꼬박꼬박 장학금을 주고 있다. 가난한 살림에도 더 어려운 이웃에게 양식을 퍼주던 시어머니 조화벽을 닮았다. 이십 년 넘은 옷을 입고 근검절약이 몸에 밴 소박한 삶을 살고 있는 김정애의 모습에 조화벽이 겹쳐 보인다.

유관순의 무덤이 없는 걸 안타까이 여겼던 오빠 유우석의 한은 사후 거의 백 년이 된 2018년 9월 7일 망우리 공원묘원에 세워진 유관순 열사 분묘 합장 표지비로 늦게나마 풀렸다. 큰길에서 벗어나 가파른 내리막길을 한참 내려가면 산자락에 납작 엎드려 있는, 세월에 깎이고 깎인 작은 봉분이 있다. 이끼 낀 자연석에는 "이태원묘지 무연분묘 합장비"라는 문구가 새겨져 있다. 유관순은 이곳에 화장된 이만 팔천의 무연고자와 합장되어 있다. 봉분 옆에 세워진 반듯한 검은색 표지석으로나마 열사 유관순을 가까이에서 추모하는 공간이 생겼다는 걸 다행이라고 해야 할까.

하늘나라에서 조화벽은 이렇게 말할 것 같다. "나는 그 시대를 살았던 사람으로서 당연히 해야 할 일을 했을 뿐이다." 그리고

‘유관순처럼 독립이라는 제단에 목숨을 바친 이들에 비하면 자신이 한 잡다한 일은 오히려 부끄럽다’며 고개를 저을 것 같다.

또한 영원한 자유주의자 유우석은 ‘한 민족이 다른 민족을 억압하지 않는 세상, 무슨 이유로든 국가 권력이 개인의 존엄성을 해치지 않는 세상, 투사가 필요 없는 공정하고 평화로운 세상’을 꿈꾸고 있을 것 같다.

*

잎이 무성해진 초여름, 서대문 역사박물관을 찾았다. ‘민족저항실’로 명명된 방에는 넓은 격자창을 가르며 들어온 빛이 바닥에 창살 무늬를 만들어 놓았다. 삼 면의 벽은 입구를 제외하고 엽서 크기의 독립운동가의 수형 기록표들로 꽉 채워져 있다. 정면과 측면 상반신을 담은 사진, 그리고 수형 번호로 이루어진 수천 장 표의 집합체다.

가까이 다가가 표 하나씩 바라본다. 둥근 뿔테 안경을 낀 장년의 사내. 삐딱하게 턱을 치켜든 청년. 숱 많은 검은머리에 눈이 큰 여학생. 인상을 잔뜩 찌푸린 까까머리 남자아이. 수염을 기른 수척한 노인. 한 일자로 입을 꾹 다문 쪽진 여인……. 그들은 나라를 잃었지만 혼은 살아있다고 눈으로 말했다. “당신들 덕에 우리가 이렇게 살게 되었다고, 이제 다 잊고 편히 잠드시라”는 추모의 목소리가 반복해서 전시실을 울렸다.

가방을 멘 남자 고등학생 세 명이 수첩을 들고 빠른 걸음으로 따가운 햇볕 아래 앞서 간다. 종아리가 예쁜 여자와 뒤통수가 잘생긴 젊은이가 손을 잡고 손질이 잘된 잔디 광장을 가로질러 간다. 평화로워 보이기만 하는 저들도 만약 그 시대로 돌아간다면 누구는 유관순이 될지 모른다. 또 누구는 조화벽처럼 제 한 몸 태워 주위를 밝히거나 유우석같이 살 만한 세상을 만들기 위해 평생 횃불을 들 수도 있다.

국가가 위기를 맞으면 하나로 뭉치는 것! 그것이 바로 대한민국의 오늘을 있게 만든 한민족의 저력이라는 믿음이 이 글을 써나간 동력이었다. 그런데 이 글을 쓰는 내내 우리 민족의 저력이 과연 미래에도 지속될 수 있을까 하는 의문과 걱정이 들었던 것도 사실이다. 불의와 폭압의 권력과 손잡고 개인의 이득을 챙긴 이들이 고개 들고 살지 못하는 세상, 공공의 이익을 위해 자신을 바친 이들이 제대로 대접받는 공정한 세상으로 우리 사회가 바뀌지 않는다면 불행한 역사는 반복될 수도 있다.

그것이 조화벽과 유관순의 역사가 잊혀진 과거가 아니라 미래의 거울이 되길 바라는 이유다.

[참고 문헌]

1. 정태헌, 김대호, 정병욱 외 2명, 『일본의 식민지 지배와 식민지적 근대』(동북아역사재단, 2009)
2. 다카하시 도루 지음, 구인모 번역, 『식민지 조선인을 논하다』(동국대출판부, 2010)
3. 국사편찬위원회, 『러시아, 중앙아시아 한인의 역사』(국사편찬위원회, 2008)
4. 임종국, 『빼앗긴 시절의 이야기』(아세아문화사, 2007)
5. 야스카와 주노스케 지음, 이향철 번역, 『후쿠자와 유기치의 아시아 침략사상을 묻는다』(역사비평사, 2011)
6. 최기숙, 강민구, 강석화 외 2명, 『역사, 길을 품다』(글항아리, 2007)
7. 최태성, 박광일, 『교과서 밖으로 나온 한국사: 근현대 편』(씨앤아이북스, 2012)
8. 노형석, 『한국 근대사의 풍경』(생각의나무, 2006)
9. 김동명, 『지배와 저항, 그리고 협력』(경인문화사, 2006)
10. 김경일, 『여성의 근대, 근대의 여성』(푸른역사, 2004)
11. 김태수, 『꽃가치 피어 매혹케 하라』(황소자리, 2005)
12. 제이콥 로버트 무스 지음, 문무홍 번역, 『1900, 조선에 살다』(푸른역사, 2008)

13. 이덕일, 『근대를 말하다』(역사의아침, 2012)
14. 맹문재, 유진월, 허동현, 이화형, 이정희, 윤선자, 『한국 근대여성의 일상문화-전9권』(국학자료원, 2004)
15. 정현백, 『민족과 페미니즘』(당대, 2003)
16. 문옥표, 『신여성』(청년사, 2003)
17. 이덕주, 『한국 교회의 처음 여성들』(홍성사, 2007)
18. 아손 그렙스트 지음, 김상열 번역, 『스웨덴기자 아손, 100년 전 한국을 걷다』(책과함께, 2005)
19. 엘리아스 카네티 지음, 강두식 번역, 『군중과 권력』(바다출판사, 2010)
20. 한국역사연구회, 『한국 근대사 1 · 2』(푸른역사, 2016)
21. 이연식, 『조선을 떠나며』(역사비평사, 2012)
22. 박홍규, 『아나키즘 이야기』(이학사, 2004)
23. 김성국, 『한국의 아나키스트: 자유와 해방의 전사』(이학사, 2007)
24. 에르네스트 르낭 지음, 신행선 번역, 『민족이란 무엇인가』(책세상. 2002)
25. 백기완, 송건호, 임헌영, 『해방전후사의 인식-전6권』(한길사, 2007)
26. 정운현, 『친일파의 한국 현대사』(인문서원, 2016)

27. 이정은, 한국독립운동사연구소, 『유관순』(역사공간, 2018)

28. 함규진, 『고종, 죽기로 결심하다』(자음과모음, 2010)

29. 한영우, 『명성황후와 대한제국』(효형출판, 2001)

30. 국립고궁박물관, 『명성황후 한글편지와 조선왕실의 시전지』(국립고궁박물관, 2010)

[참고 논문 및 자료]

1. 조동걸(춘천교육대학교 교수), 「3·1운동 때 지방민의 참여 문제—양양과 강릉의 경우」
2. 한상도(건국대 사학과 교수), 「유우석 조화벽 부부가 걸어간 한국 근현대사」
3. 이정은(독립기념관 한국독립운동사연구소 책임연구원), 「강원도 양양 3·1독립운동과 여성 독립운동가 조화벽 선생」
4. 이명화(한국독립운동사 연구소), 「3·1운동과 조화벽의 삶」
5. 3·1여성동지회, 「3·1 여성들의 항일 독립운동」
6. 최양섭 목사, 「예수의 복음으로 나라와 민족을 사랑한 김영학」
7. 최양섭 목사, 「일제하 독립운동과 기독교인의 역할」
8. 심옥주(한국여성독립운동연구소 소장), 「호수돈 여학교 비밀 결사대와 독립운동가 조화벽」
9. 한서기념관, 「한서 남궁억 선생의 일생」
10. 성주현, 「양양 지역 신간회 조직과 활동」
11. 조성운, 「일제하 강원도 양양 지역의 농민조합운동」
12. 심옥주, 「3·1운동의 여학생들의 역할」
13. 강대덕, 「강원도 항일 독립운동의 선각 여성 조화벽」

조화벽과 유관순

1판 1쇄 발행　　2019년 2월 20일
1판 3쇄 발행　　2020년 3월 20일

지은이　　송혜영
발행인　　윤미소
발행처　　(주)달아실출판사

책임편집　　박제영
디자인　　안수연
마케팅　　배상휘

주소　　강원도 춘천시 춘천로 17번길 37, 1층
전화　　033-241-7661
팩스　　033-241-7662
이메일　　dalasilmoongo@naver.com
출판등록　　2016년 12월 30일 제494호

ISBN　　979-11-88710-31-7 03990

* 이 도서의 국립중앙도서관 출판예정도서목록(CIP)은 서지정보유통지원시스템 홈페이지(http://seoji.nl.go.kr)와 국가자료공동목록시스템(http://www.nl.go.kr/kolisnet)에서 이용하실 수 있습니다.(CIP제어번호: CIP2019003267)
* 잘못된 책은 구입한 곳에서 바꿔드립니다.
* 책값은 뒤표지에 표시되어 있습니다.